¿Por qué ni un piojo se me pega?
Ali Velázquez Rivera

⚠R por Ali Velázquez Rivera, 2008, 2010.
© Todos los Derechos Reservados.
© 2010 Ali Velázquez Rivera.
P O Box 360667
San Juan, Puerto Rico 00936-0667

Impreso en Puerto Rico.
Diseño de cubierta Viviana Rodríguez
Prophesy Graphix, (787) 361-1934.
Fotografía de la autora por Valeria Morales Velázquez (10 años).

ISBN 978-1-59608-859-7

Este libro no puede ser reproducido, total o parcialmente, procesado en algún sistema que lo pueda reproducir o transmitido en alguna forma o por algún medio electrónico, mecánico, fotocopia, cinta magnetofónica u otro sin previa autorización escrita de la autora, excepto para breves citas en reseñas haciendo mención de su autora.

Siempre que en el libro se habla de solteros se refiere a solteros de ambos sexos, ya sea soltero, viudo o divorciado; igual cuando se utiliza solo y único. Muchas veces se utiliza el enclítico "mos" para no señalar a nadie y nadie se dé por aludido, al menos directamente, pues al expresarlo así se siente que es de todos la vivencia compartida. Al decir "el hombre…", "la mujer…", "el soltero…" es en términos generales pues muchas reglas tienen su excepción. A menos que indique "mi amiga…", "mi…", "me escribió…", todos los demás nombres son ficticios en situaciones basadas en experiencias reales.

Este libro no es ni pretende ser un manual de instrucciones de salud emocional o psicológica. Tampoco sustituye a los profesionales de la salud y de la conducta humana. Si se necesita estos u otros servicios, considere consultar o buscar ayuda de un profesional. La autora y casa editora no se hacen responsables por aplicaciones utilizadas negligentemente.

Dedicatoria

A mis amigos solteros, viudos y divorciados que disfrutan la vida estando solos, que ven que la vida es bella, que no tienen esperanza sino tienen fe que es la certeza de lo que se espera, a mis amigos solteros, viudos y divorciados felices por lo que son.

A mis amigos y hermanos en Cristo casados más de una vez porque quiere decir que aún creen en la institución del matrimonio.

A mis amigos y modelos de matrimonios (incluyendo a mis padres) que llevan décadas de casados brindando un legado de ejemplo de lo que es "se puede", tolerancia, pacto, la esencia misma de eso que llaman amor y—sin lugar a dudas—añaden y afirman valor a nuestra sociedad honrando así la institución del matrimonio.

A aquellos solteros que me han abierto su corazón añadiendo ricas vivencias a este contenido.

¿Sabes? Sería injusto cerrar esta dedicatoria sin dedicárselo a mis confidentes amigos quienes hemos intercambiado experiencias a través de nuestras vidas, incluyendo esto del amor. A esos que nos hemos gozado cuando el amor se asoma y lo hemos llorado cuando ha partido; que hemos compartido su triunfo como pataleado cuando hemos pasado la vergüenza del ridículo hasta luego reírnos de ello, incorporarnos y continuar creyendo en el amor. Después de todo, Dios es bueno, la vida es bella y lo demás es "parking".

ÍNDICE

Dedicatoria	3
Gracias	9
Introducción	13

PRIMERA PARTE
Piojos o piojas ¿Cuál es la diferencia? 19

SEGUNDA PARTE
Sentando las bases

¿Qué nadie se te pega?	27
Y aquí estamos los solteros	30
• Reevaluando mis relaciones pasadas	32
• Redefiniendo lo que quiero en una pareja	33
Analogía entre la personalidad y dieciocho modelos de mahón	35
El inventario	44
¿Quién se pega? o mejor dicho ¿quién escoge?	46
¿Y si se me pega, no es quien quiero?	49

TERCERA PARTE
Hasta hoy

Nuestra amiga soledad – No estás solo en esto	57
De mal de amores	62
El escenario puede cambiar	65

"Lávame, y seré más blanco que la nieve."   69
- ¿Qué se puede hacer?   71
- Conjugando el perdón   72

No fue esto lo que soñé   78
- ¿Hay algo que se pueda hacer?   80

Desfile por la Alfombra Roja   82
- *"Eres una persona extraordinaria..."* ¡Ujum!   82
- *"No eres tú, soy yo..."*   84

Errores que muchos solteros cometen   88
- Errores a no cometer nunca jamás   90
- Errores en una primera cita   104
- ¿Otra vez?   107

¡Ay...qué se me despega!   111

CUARTA PARTE
Éxito

¿Quién es superior?   117
- "Desafíos del hombre de hoy"   118

Sólo para los piojos (y piojas curiosas)   121

Solteros de éxito   125
- Diez puntos negativos a desechar   128

Alerta Roja   140

QUINTA PARTE
Nuevos Comienzos

Nuevos Comienzos   149

Amigos, sí	150
Cómo darle sentido a tu soltería	153
• ¿Qué hacer entonces?	155
o Actitudes y acciones para adoptar	156
Pon tu vida espiritual en orden	172
• El Gran Yo Soy	174

Sexta parte
Hijos, amor y pareja

Hijos, amor y pareja	181
• Dos errores frecuentes entre las parejas con hijos de ex	186
• ¿Qué de aquel padre divorciado que no permite que otra persona se le pegue y si se le pega, sale corriendo?	188

Séptima parte
Esa dichosa pregunta

¿Cuál realmente viene a ser la pregunta?	191
¿Cuál es la prisa?	192
¿Por qué quiero que un piojo se me pegue?	195
• Presiones de la sociedad	195
• Por la codependencia física y emocional	200
• Para tener y ser compañía	201

Octava parte
¿Por qué ni un piojo se me pega? En fin

¿Por qué ni un piojo se me pega? En fin	205

La gente admira y…
Un resumen para ser y hacer 207

En fin 214

Referencias 217

Gracias

A mis amigos y hermanos en la fe que leyeron el borrador, me brindaron su parecer y son de bendición a mi vida: *Abraham Figueroa, Eneida García, Nelson Franquiz, Eileen Fernández, Lydia Navarro* y los siempre presentes en mi vida personal y ministerial por más de dos décadas, el *Dr. Bill Méndez* y su esposa *Maggie*. *Aida Luz Colón* también incluida.

Al *Dr. Angel Cintrón Opio, Psicólogo,* por su autorización y confianza, aún cuando no nos conocemos personalmente, y permitirme compartir un escrito.

A la *Dra. Elsie Matías* a quien agradezco su disponibilidad, tiempo y palabras. Hasta deleitarme que me entregara el borrador con los ejercicios hechos, evidencia de que lo disfrutó.

A mi amiga por más de veinte años, *Mara Daisy Cruz*, quien a través de todo el proceso del libro ha sido colaboradora de valor incalculable.

A mis padres, por todo el legado que he recibido de ellos y el cual no cabe en cada libro escrito; son ellos *Luis Ismael Velázquez Santana* y *Carmen Rivera Arroyo*.

A *Valeria Morales Velázquez*, mi tesoro más preciado. Mientras está saliendo este manuscrito cuenta con 10 años y entre cuentos, risas, lecciones, anécdotas, conferencias, ocurrencias y demás se nombra mi fan número uno (dice que la segunda es nuestra perrita Malena). Y, de pronto, me cuenta que ha estado haciendo algo ¿qué? promocionándome entre sus amistades, compañeros, maestros y facultad. Amada hija ¡eres la mejor!

¿Por qué ni un piojo se me pega?
Ali Velázquez Rivera

Si alguien se está haciendo esta dichosa pregunta, con gran probabilidad es porque anhela que una gran persona se le pegue eternamente y para siempre. Para que esto ocurra y que cuando suceda sea así, eternamente y para siempre, es vital conocer a ese sexo opuesto que deseas que se te pegue. Más importante aún es que antes de que se te pegue te conozcas a ti mismo. Así que búscate un bolígrafo, pon la fecha al comienzo del libro, tómate un sorbo de café si deseas, inhala profundamente, exhala y sumérgete en la lectura como una aventura que te espera. ¡Qué la disfrutes!

Introducción

Mientras almorzaba con un gran amigo de todos los tiempos, me contaba que recién terminó su relación de noviazgo. Se amaban, pero...pero... Más tarde, ella me contaba lo mismo. Se amaban, pero... Aunque en cierta medida aplaudí su decisión tomada a tiempo, lo que les afectaba era algo de lo cual ellos ya tenían conocimiento, a ambos le expresé mi falta de entendimiento porque para mí si existe el amor, los pero están demás. Dios es amor, *el amor cubre todas las faltas, todo lo cree, todo lo soporta...*[1] No requiere de explicación ni de justificaciones ¡es el amor!

Por otro lado, Pablo amaba a una muchacha esforzada y valiente, profesional, inteligente, alguien con quien sinceramente podía conversar como nunca había logrado con nadie, de virtudes, valores y principios; pero Pablo se sentía inferior a Esther. Inventó una excusa y terminó la relación. Pablo renunció al amor y Esther quedó desolada. ¿Acaso el amor puede ser tan mezquino?

Y en alguna otra parte se conducía esta conversación entre dos amigos. Juan le decía a Pedro que no era válido que le hablara de los problemas sin solución de la soltería, pues Pedro todavía estaba soltero lo que a juicio de Juan no le hacía una persona de éxito. Pedro le preguntó si para ser exitoso había que estar casado. ¿La sociedad te va a marcar porque estás o no casado? ¿Quién te va a hablar de la soltería? ¿Alguien que contrajo matrimonio a temprana edad y lleva 20 años de matrimonio? Esa persona que brinde charlas a los recién casados pues sin lugar a dudas

---

[1] Alguna versión de 1 Corintios 13 en la Santa Biblia.

conoce como sobrellevar las diferencias y hacer de la relación de pareja un éxito a pesar de éstos. En este caso nos referimos a que el soltero conoce cuales son las necesidades y las realidades de la persona sola, aquella que no está casada. Si necesitamos aprender de un tema, queremos escucharlo de aquel que ha tenido sus experiencias. Si de soltería se trata, que nos hable un soltero que ha pasado por ella, con sus fallas y sus triunfos. Claro está, no estamos hablando de aquellas personas solteras que continuamente *no sacan los pies del plato*[2] y piensan continuar al garete. A esos los ayudamos con nuestra oración. Pero solteros que aunque sabemos imperfectos siguen adelante, están enfocados y dan testimonio—aún aquellos que han fallado y han retomado el camino—de todos tenemos que escuchar para aprender. Y si se casan, si encuentran pareja ¡fantástico! Y si todavía en el camino no la han encontrado ¡fantástico! también.

Estas y otras historias reales provocan parte de este escrito precisamente para los solteros. Los grupos de apoyo para solteros están en auge. Esto es ya como la ley de la oferta y la demanda. El grupo se amplía y cada vez son más los solteros; soltero ya sea porque nunca se ha casado, porque enviudó o porque se divorció. Incluidos están aquellos que en su soltería están criando y muchos solteros que ya criaron.

Es así que compartiendo con tantos amigos solteros de diferentes ideologías, creencias, edades, religiones y sexo mi mente va almacenando sus experiencias y, claro, las mías. También, me he levantado a transcribir aquellos pensamientos que a medianoche o en algún momento particular el Señor me va dando. No sólo pensamientos,

---

[2] Expresión utilizada cuando una persona siempre tiene o se mete en un problema tras otro.

también sentimientos, vivencias, anécdotas, frustraciones, triunfos, alegrías, crecimiento, enseñanzas así como todo aquello que la vida misma abarca especialmente en el mundo de los solteros.

Y entre historias reales, trabajo con solteros y otros escenarios afines en estas páginas encontrarás alguna ilustración de mi día a día con mi hija Valeria que de alguna manera nos sirve de enseñanza o aplicación a nuestra vida. Si no tienes hijos y deseas casarte, a esta tierna edad nuestra existe una gran probabilidad de que tu pareja sí los tenga, así que utiliza estos segmentos como aprendizaje de las cosas que suceden a los que crían. Creo que te ayudará a entender a quien será tu pareja, a aquellas amistades solteras que los tienen o a identificarte si, por otra parte, eres tú quien los tienes.

Antes de preguntarnos *¿Por qué ni un piojo se me pega?* hay una serie de preguntas que deberíamos contestarnos y así lo vamos a ver a través de la lectura. También tenemos que reconocer, como desde Afganistán me dice en su carta Luis Miguel Tejada, que *"podemos utilizar una serie de experiencia y conocimiento para minimizar los riesgos."* Riesgos a llorar, a otro intento, a que tu corazón se vuelva a descomponer, tus emociones se vean contrariadas y hasta tus ilusiones mueran, de todo ello vamos a compartir.

Además, podríamos atrevernos a responder si ¿estamos listos para que alguien se nos pegue y nosotros corresponder a ese pegamiento? También, sería viable preguntar no sólo *¿Por qué ni un piojo se me pega?* sino preguntarnos: *¿Por qué yo quiero que alguien se me pegue?* Si es para ser feliz, Alerta Roja respuesta incorrecta; debemos ser felices primero. Nuestra felicidad no depende o no debe depender de la existencia de una pareja en nuestra vida. La vida es nuestra y la felicidad nos corresponde por nosotros mismos. Si es para completarte, Alerta Roja tampoco; tú estás completo en ti mismo y como tal debes sentirte. En cambio si es para compartir esa felicidad que ya tienes ¡excelente! Si se encuentran dos con este mismo pensamiento debe ser que ya han satisfecho todas sus etapas; etapas de soltería, de penas y desengaños, de sanidad interior, de crecimiento, de enriquecimiento, de vivencias, de experiencias buenas y otras que les fortalecieron, les enseñaron y —a través de las cuales— crecieron.

Este es un libro que ha de ser muy personal para ti. Para integrarte a toda la lectura, ayudarte a identificar áreas, reconocer debilidades, reforzar las fortalezas, hacer un plan de acción, descubrir áreas de tu vida, evaluarte y encaminarte (entre otras tantas acciones) es bueno que vayas escribiendo según te surge alguna idea y según respondes a cada pregunta.

A través de toda la lectura estaremos mencionando diferencias entre el hombre y la mujer. Ese sexo opuesto cuyo encuentro provoca el paro del tiempo y aceleramiento del tic tac de tu corazón, con quien en algún momento histórico piensas unirte, por quien has suspirado y secado alguna lágrima. Y esa combinación (hombre-mujer) es tan anhelada que de todos modos aquí estás para un intento…definitivo. ¡Claro que sí!

Así que aquí están los solteros…muchos por divorcio, personas que se casaron *"para toda la vida"*, pero algo pasó en el camino que hoy están solos y "lo peor" ¡nadie se les pega! El gemido es *¿por qué ni un piojo se me pega?* y confío que esta lectura te inspire, te edifique y te motive a reflexionar sobre tu vida actual a la vez que arrojas sonrisas (tal vez carcajadas) mientras nutres tu ser y mimas tu corazón.

Primera parte:

Piojos o piojas ¿cuál es la diferencia?

"*Hombre y Mujer ¿Cuál es la diferencia?*[3]

El hombre es la más elevada de las criaturas.
La mujer es el más sublime de los ideales.
El hombre es el cerebro, la mujer el corazón.
El cerebro fabrica la luz;
El corazón, el amor.
La luz fecunda, el amor resucita.

El hombre es código, la mujer es evangelio.
El código corrige, el evangelio perfecciona.
El hombre es el águila que vuela.
La mujer es el ruiseñor que canta.
Volar es dominar el espacio,
Cantar es conquistar el alma.

En fin...
El hombre está colocado donde termina la tierra.
La mujer, donde comienza el cielo."
Víctor Hugo
Poeta, novelista y dramaturgo francés, 1802-1885.

---

[3] Sólo reproducimos algunas estrofas, el poema es más largo.

(Suspiro) ¡Claro que quieres que se te peguen! pero ¿qué está pasando? O ¿qué ha dejado de pasar que no se pegan..? Comencemos con mencionar algunas de las diferencias entre estas dos obras de la Creación: hombre y mujer. Érase una vez...

Ya no se trata de que ellos tienen pene y ellas tienen vulva. Tampoco se trata que desde sus inicios a él se le predestinó el color azul y a ellas, el rosa. Y de que los hombres no lloran...Así fue en un principio ¿no? Olvidémonos de todas esas diferencias, con excepción de la primera, ¡claro! y entonces abramos nuestros corazones para aprender otras diferencias existentes entre el hombre y la mujer así como identificar las similitudes que los une. En la última década se le ha dado importancia a las diferencias cerebrales, incluyendo los hemisferios. Esto sin tocar todavía el tema de los cuatro temperamentos básicos: sanguíneo, colérico, flemático o melancólico y ni hablar si ocurre la unión de dos de éstos; si quién es de Martes o de Venus y qué lenguaje del amor predomina en alguno.

Cabe señalar que, aunque diferentes en el modo de actuar ante los mismos eventos, en cuanto a la interpretación de sucesos, en aquello de que el hombre es más visual así como otras diferencias tanto hombre como mujer coinciden en que tienen básicamente las mismas necesidades. Desde que nacen por regla general uno y el otro han sido criados de modo diferente. A las niñas se les motiva a dar rienda suelta a sus emociones; al hombre, a reprimirlas. Entonces hoy, 30 años más tarde te preguntas porqué nadie se te pega y resulta que esa persona del sexo opuesto que se fue criando más o menos en una vida paralela a la tuya fue criada muy diferente a ti. Hoy la mujer quiere que el hombre se exprese libre y fácilmente.

¡Pero si durante un largo trayecto de su vida fue motivado a no hacerlo!

La mujer tiende a buscar ayuda en un momento de necesidad emocional, el hombre no. De ahí que al hombre le toma más tiempo sanar mientras que la mujer tiende a hacerlo más rápido. El dolor de la separación es igual de intenso para ambos; y se fortalece en él porque no sabe o no busca ayuda para canalizarlo y, muchas veces, cuando cree que lo ha hecho ha sido en alternativas equívocas. En esa misma línea la mujer confía más en sus amigas y casi rápidamente luego de una herida hace su grupo o cadena de apoyo con ellas. Siempre habla de ello, lo exterioriza y recibe, no sólo sus palabras de aliento, sino su respaldo y, en ocasiones, hasta su corrección. Tal es así que las amigas pueden reunirse una noche sin una razón particular que las motive a ello. Ellos necesitan una razón para reunirse aunque sea para ver un juego o jugarlo. Una amiga puede llamar a otra a las 2:00 de la madrugada para llorar el desenlace de su relación, mientras el hombre tal vez acuda al bar más cercano acabando de empeorar su situación o calle su dolor. La mujer tiende a preocuparse más que el hombre. Es más probable que entre los dos, el hombre tenga más problemas de la memoria que la mujer. Ambos manejan sus argumentos de modo distinto.

Aún así a pesar de ser dos seres humanos tan distintos (y extraordinarios, por cierto), la necesidad de amor la tiene tanto el hombre como la mujer. El sentimiento de soledad lo padece tanto uno como el otro. Así son el hombre y la mujer, diferentes en tantas cosas; idénticos en otras tantas. Pero bien es cierto que tanto el hombre como lo mujer es perfecto en unas áreas y tan inseguro en otras. Aunque una gran cantidad de esos hombres y mujeres que conoces ya está formada en términos generales, no puedes olvidar que estos dos seres maravillosos son obras en proceso de construcción, siguen en formación mientras se encuentran ajustando y aplicando detalles a su vida. Y si ambos coinciden en que quieren pareja, sí, ese sexo opuesto como complemento, ¡qué viva, pues, el amor!

Las diferencias entre el hombre y la mujer no terminan aquí; a través de la lectura, de acuerdo con el tema tratado, encontrarás otras particularidades.

Preguntas:

1. ¿Reconocías que ese sexo opuesto con quien tanto anhelas compartir tu vida es tan disímil a ti?

   _____

   _____

2. Comentarios/Plan de acción:

   _____

   _____

   _____

   _____

   _____

Segunda parte:

Sentando las bases

*"La grandeza de una persona se puede manifestar
en los grandes momentos, pero
se forma en los instantes cotidianos."*
Phillips Brooks
Clérigo episcopal americano, 1835-1893.

¿Qué nadie se te pega?

Todo eso que vimos en el capítulo anterior es grandioso: parejas, complemento, el amor, peeeeeeeeeero tu alma cojea, no tiene en quien recostarse, está sola, tu corazón desolado y algunos pensamientos asaltan tu mente. Tu vida romántica no ha sido precisamente como los cuentos con un final feliz; no, no ha sido así para ti. Puede ser que has dicho y hasta repetido en voz baja, quién sabe si en alta voz, una de las siguientes expresiones:

> *Estoy solo (a).*
> *Nadie me llama.*
> *Llamo y no contestan.*
> *Todos tienen planes. Yo no.*
> *Y estoy gordo (a).*
> *Siempre tengo hambre.* (¿Estás deprimido?)
> *Y me gusta el chocolate y el mantecado.*
> *Todos se están casando.*
> *Todos se han casado.* (Todos no, tú estás soltero y probablemente haya alguien más.)
> *Ando arrastrando tanto mis pies como la vida misma.*
> *Me duele todo.*
> *Hasta mis respiros duelen.*
> *No estoy cansada (o), estoy harto (a).*
> *No tengo ánimo.*
> *Tampoco entusiasmo, mucho menos motivado.*

En cuanto a tu vida de soltería estos son los pensamientos que vienen a tu mente, esta es tu realidad. ¿Qué nadie se te pega? Luego de identificar si alguna de las oraciones anteriores es la descripción de tus pensamientos, qué tal si contestas estas preguntas:

1. Realmente ¿vives amargado?

2. ¿Peleas con el aire que respiras?
3. ¿Todavía te quejas de algo que te hicieron hace 10 años?
4. ¿Consumes alcohol intentando secar el Orinoco?
5. ¿Pareces una chimenea ambulante (fumas)?
6. ¿Piensas y proclamas que eres el laboratorio de todas las enfermedades del mundo porque las tienes todas?
7. ¿Te duele desde el cabello más largo hasta la uña más larga del pie izquierdo?
8. ¿Siempre tienes la razón y el mundo está en tu contra?
9. ¿Siempre estás cansado, no tienes energía, tiempo, ni dinero?
10. Para ti, un día de sol equivale a un día agotador; y en los días de lluvia no hay quien salga.

Por otro lado:
11. ¿Vas a cuanta reunión de solteros hay y nada pasa? Nadie llena tus expectativas. Todos tienen fallas mientras tú estás a medio paso de la perfección. Y, para colmo: *"siempre son las mismas personas"*.

Si has contestado que sí a una sola pregunta, ya estamos entendiendo. Si es ocasional, no importa. Si es perenne, ¿papel de víctima? ¿continua autocompasión? tal vez es el momento de buscar ayuda profesional. Si tus respuestas han sido negativas, aquí encontrarás otras áreas a evaluar. Tal vez es el momento de hacer un inventario interior (a veces uno exterior) a ver qué es lo qué pasa para poder identificar por qué ni un piojo se te pega y disfrutar tu soltería mientras dure.

Si quieres dar un cambio a tu vida, que algo ocurra, es entonces tiempo de una revaluación interior. Digo revaluación porque estoy segura que en este tiempo ya habrás hecho tus evaluaciones, pero en este momento es recomendable realizarla para decir *"no más"* de intenciones y llevarlo a la determinación, entonces qué tal si revalúas:

1. Tus actitudes hacia las circunstancias. ¿Te desanimas ante el primer tropezón o te levantas a pesar de lo que pueda intentar desanimarte?

2. Tus palabras. ¿Hablas derrota o victoria, más de enfermedades que de milagros, más de lo que no pudo ser que de lo que queda y se puede hacer, cuentas más lo que no tienes que tus bendiciones?

3. ¿En quién tienes depositada tu confianza? (Recuerda, el Señor está al alcance de una oración.)

4. ¿Tienes bien definido hacia dónde quieres llegar? o ¿estás esperando que te tomen de la mano y te lleven? No es mala idea que sea acompañado, pero mientras esto ocurre…MUEVETE.

5. ¿Tus sentimientos están claros y despejados o albergas ira o resentimiento? Si es así, es tiempo de perdonar. (En la tercera parte del libro tocamos el tema del perdón.)

6. ¿Frunces el ceño más de lo que enseñas tus dientes?

7. ¿Guardas ropa en tu closet esperando un gran acontecimiento o cada día es un gran acontecimiento para ti? Y, además,

8. ¿Cuidas tu salud, ejercicios y alimentos con atención médica?

Y aquí estamos los solteros

Como cuestión de hecho permíteme aclararte algo: no existe el Señor Perfecto ni la Señorita Perfecta a no ser que sea ante tus ojos cuando te enamoras, pero mientras eso sucede veamos todo lo que rodea la soltería.

Aquí están los solteros:
1. soltero porque nunca se ha casado
2. soltero que es padre (fuera del matrimonio)
3. viudo
4. viudo con hijos
5. divorciado
6. divorciado con hijos

Identifica en cuál estás tú: _____

Identifica cuál quiere que llegue a tu vida: _____

También, hay otras categorías para los solteros:
1. felices
2. amargados
3. resignados

Identifica a cuál perteneces: _____

Identifica a cuál quieres pertenecer: _____
Identifica a cuál quieres que pertenezca la persona que llegue a tu vida: _____

Aunque puede parecer que las respuestas son obvias, lo cierto es que hay personas que escogen o aceptan en sus vidas las personas menos idóneas para sí. Pueden ser idóneas para otros, pero no para sí. Escribirlo ayuda a internalizarlo, a que estés más cerca de tu convencimiento de ello al momento de aceptar o no alguna relación.

Soltero sea cual sea el grupo, pero preguntando *"¿Por qué nadie se me pega?"*...pues bien es tiempo de dos "re": revaluar y redefinir.

Revaluar:

- Tus relaciones anteriores.
- A esas personas que hicieron pareja contigo en tu vida (no es para menospreciar, es simplemente evaluar a quien te pegas).
- Tus errores.
- Tu soltería.

Redefinir:

- Qué quieres de una relación.
- Cómo sacar el máximo provecho a tu soltería.
- Tu vida espiritual.
- A quién quieres como pareja hasta...hasta el final de tus días.

Lánzate a la aventura de investigarlo, comienza llenando las tablas que siguen a continuación.

Revaluando mis relaciones pasadas

Describe (Cualidades positivas y negativas de quienes han sido tus parejas)	En los recuadros escribe los nombres de las últimas 3 parejas y haz una marca de cotejo en aquellas cualidades que describen a cada cual (pueden ser diferentes, pueden coincidir)		
1.			
2.			
3.			
4.			
5.			
6.			
7.			
8.			
9.			
10.			
11.			
12.			

Redefiniendo lo que quiero en una pareja

Es tiempo de redefinir, de establecer claramente lo que quieres en una relación y lo que esperas en una pareja.

Qué busco en una pareja	Haz una marca de cotejo En aquello que es requisito o lo que podría ser negociable. Y escribe ante lo cual no cederías.		
	Requisito	Negociable	No cedo ante
1.			
2.			
3.			
4.			
5.			
6.			
7.			
8.			
9.			
10.			
11.			
12.			

Preguntas:

1. ¿Estás satisfecho con las parejas que has tenido hasta ahora?

   _____

   _____

2. O ¿piensas que las personas que seleccionas poseen cualidades que necesitan revisión de tu parte y lo mejor que pudo haber pasado es haber terminado aunque te dolió en su momento?

   _____

   _____

3. Comentarios

   _____

   _____

   _____

   _____

Analogía entre la personalidad y 18 modelos de mahón

Una vez has echado un vistazo a tus parejas y relaciones pasadas, continúas evaluando, redefiniendo y preguntándote *por qué ni un piojo se me pega*, puedes autoanalizar:

- Cuál es tu personalidad, quién eres, cuáles son tus principios,
- La personalidad de aquellas personas con las que compartes o la de las personas que se te pegan,
- La personalidad que quisieras tuviera la persona que se te pegue,
- Cuál verdaderamente te resulta atractiva al punto de pegarte,
- Cuál es la que quisieras tener tú (si reconoces que la tuya requiere ser modificada) y
- Cuáles son algunas de las cuales jamás querrás estar pegado.

Para hacerlo vamos a realizar una analogía de acuerdo a 18 diferentes modelos de mahón incluyendo un bono[4] de aquel que guardamos esperando que un día nos vuelva a entallar. Algunas tienen elementos en común pero notarás diferencia entre una y otra. Al verlas desde otro punto de vista facilita su identificación en cuanto a personalidades se refiere.

---

[4] Bono—nos referimos cuando algo o alguien da más allá de lo esperado.

Personalidades tipo "mahón" - ¿Conoces, has tenido como pareja o eres tú quien se ubica en uno de estos modelos?

1. **Carpintero**—Modelo que abarca todo. Tiene bolsillos para cargarlo todo, pero a la hora de necesitar un mahón de vestir no sirve para eso. Así hay gente, carga con los problemas del universo, pero no puede resolver los suyos. También, lo vemos en el típico "handy man", eso es fantástico, pero a la hora de la verdad tú no quieres a tu lado a alguien que resuelva los problemas del techo cuando puedes pagar por ello. Necesitas a alguien que crea en ti, que te dé su hombro para descansar tanto como tú le das el tuyo, que sea refrigerio, un complemento aún en tiempo de adversidad. Si arreglan los problemas del techo, es un bono.

2. **Mamelucos**—Uso similar al anterior con la diferencia de que envuelven completamente a la persona. Sirven para el trabajo duro y luego de varios meses ya no sirven para nada. Así son algunas personas: fuertes y te envuelven. Si la otra persona se recuesta mucho de ella o abusa de su amabilidad, llega el momento en que se van y la otra se queda con el lamento de no haberse comportado sabiamente al permitir ese comportamiento. Esta es la chica buena que tolera algunas cositas durante un tiempo, él cree que no la va a perder porque piensa que la tiene segura al ella aceptar su proceder. Este es el chico bueno que hace malabares de complacencia y ella abusa. Y un día la chica buena despierta y se va, ya no da para más. Y un día el chico bueno hace lo mismo, se pone en su lugar y no aguanta más. Salen airosamente, aunque lamentan algo de la pérdida, pero pierde más el que no supo valorar lo que tenía.

3. **"Stretch"** que te quedan ajustaditos—Gustan porque de primera intención la persona se siente cómoda en ellos; de repente el michelín sale por la cintura y ahorcan hasta que la persona se siente inamovible. Estas son las personas que inicialmente se acomodan a ti, pero como estás solo y es lo que has estado deseando por ¡tanto tiempo! te dejas ir…hasta que de pronto te encuentras encajonada en una relación en la que  te absorben, te inmovilizan y lo peor es que tú lo permitiste porque en principio no sólo te gustaba, sino que lo necesitabas. Es el que te aprieta, asfixia pero te gusta mucho. Entonces te das cuenta y te sueltas el botón, pero como no estás en tu casa no te lo puedes quitar. Así hay algunas personas son posesivas, asfixiantes y aunque tratas de volver a tomar las riendas, no es fácil desligarte de ellas.

4. **Tubo con el ruedo hacia arriba**—Estilo de temporada. Entallados pero son tan largos que hay que doblar el ruedo, ¿por qué hay que coser? si se puede resolver doblando hacia arriba. Son aquellas personas que están muy bien centradas, saben lo que quieren, conocen su lugar y—cuando algo no sale precisamente como desean—no se quejan sino que buscan la solución. Resuelven. Con estas personas siempre se saldrá adelante.

5. **"Bell bottom"**—Ajustados arriba y poco a poco van soltando hasta que son completamente anchos o abiertos en el ruedo. Así son algunas personas, muestran su carácter primero y a medida que la relación avanza te das cuenta que más que un carácter fuerte es un carácter firme que entiende que una buena dosis de flexibilidad equiparada con empatía y tolerancia son elementos determinantes en la continuidad de relaciones saludables. Comienzan ajustados y poco a poco van soltando hasta que están a sus anchas.

Así hay personas, primero van poco a poco y según se conduce la relación y conocen a la otra persona se van sintiendo mejor hasta ganar la confianza absoluta.

6. **Aquellos viejos desmerecidos, están gastados, que nos gusta ponerlos para todos lados y pá' ningún lado que van**—Nos fueron muy útiles en un tiempo y le cogimos un cariño en demasía, pero su uso y abuso apresuraron su desgaste y ya no sirven. Así hay algunos individuos. Una de las partes se aseguró demasiado de tenerle hasta que mató el idilio provocando el desencanto de la otra persona, pero sigue interesada. Es el despintado que nos gusta tanto que no queremos salir de él. Entramos en círculos viciosos, damos larga al asunto, seguimos entreteniéndonos cuando sabemos que ya dio todo lo que iba a dar, ya mostró su mejor cara y no funciona. Mejor es no dar continuidad a una relación que a todas luces muestra que no va a tener un final feliz. Podrás ir a terapia, podrás pintar el mahón porque ¡nos gusta tanto! pero ya no da para más. Se acabó.

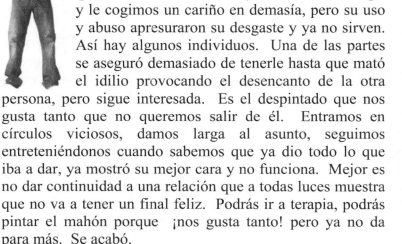

7. **"Set" o conjuntos**—Limitantes. Causan una buena impresión. Alcanzan lo suyo, duran por un breve tiempo y ya no dan para nada más. Cada pieza funciona con su conjunto. Limitantes, no hay visión. Así hay algunas personas, se esfuerzan por impresionar bien y permanecen mientras lo logran. Hay que tener cuidado porque son las relaciones que mueren al nacer. Por ello es importante comenzar sin prisa, paso a paso, de manera que nadie quede herido sino como los conjuntos que quedan en buen estado y nadie es lastimado. Si sales a tiempo, sólo quedará en un buen intento que disfrutaste mientras duró.

8. **Al último grito**—Son el mahón de moda. De primera intención, abarcan toda la atención, son diferentes y causan tremenda impresión a la distancia. Así existen seres humanos que tienen esa misma primera impresión. Inconscientemente lucen así inaccesibles e inalcanzables y en lugar de atraer, alejan a las personas. Sin embargo, cuando los conoces son los seres más empáticos, sensibles, dulces y tiernos que a fin de cuentas de alguna manera toda persona necesita. Y en el caso de ellos y en el caso de ellas el hecho de que haya ese ser humano detrás de esa apariencia a la que parece difícil de llegar, le resulta galardonador haber podido conocerle dándose ambos la oportunidad con un resultado de gratificación.

9. **ATH**—Te muestran todo desde sus inicios hasta la ranura (ATH) que tú no quieres ver. Existen algunas posibles parejas así, te dicen todo de sí hasta lo que tú todavía no quieres saber. ¡Ugr! Te hablan de la ex pareja, de su equipaje, muchas veces te muestran más de la parte negativa, sus cargas y sus luchas que de los aspectos positivos de su vida. Como queriéndote decir: "*Esto es lo que hay. Así soy yo. Tómalo o déjalo*". Y muchas veces sales corriendo antes de una segunda cita porque lo negativo predomina en esa persona. O tal vez no predomina lo negativo, sino que su autoestima está tan lacerada que cuando conoce a alguna persona la aleja realzando sus cualidades menos favorables.

10. **"Boots"** que ofrecen apertura para las botas—Estos son las personas selectivas. Escogen muy bien (a veces muy mal, pero escogen) a quien aceptan en su círculo. Ves un mahón de éstos y generalmente tiene su "porte", su "clase". Tienen una mente limitada (como el uso de este

mahón); y por su propia limitación, se privan de conocer un universo de personas encantadoras.

11. Con **tirantes**—Puede verse en tres tipos de personalidades: dependiente, estratega y manipuladora. Si le quitas el tirante, se le cae; el mahón depende del tirante para estar en su lugar. Estos son los dependientes. Si la otra persona se va de la relación, no pueden manejar el impacto por la dependencia que han creado: emocional, espiritual y física. La persona estratega se conduce para lograr un objetivo. Cuando obtiene lo deseado (el tirante sostiene el mahón), se quita la venda (el tirante) y sucumbe la relación (y el mahón se cae); la otra persona queda atribulada, entiende que todo fue un engaño, lo cual se ve en personas manipuladoras.

12. **Modernos**—Estilo de temporada, muy agradables a la vista. Me los pongo con lo que quiero, con los accesorios lo hago lucir más de vestir o más casual. *"Al son que me tocan bailo".* [5] Llevaderos. Se pasa muy bien con ellos. Es la gente con la que te sientes cómoda, sin la ansiedad que provoca el querer impresionar. Son simpáticos.

13. Con **elástico**—Se acomodan. Así como unos dicen "easygoing" el mensaje es "haz de mí lo que quieras". Son fáciles de vestir y de quitar. Así hay algunas parejas, la otra persona hasta piensa por ella, pero llega el momento en que se cansa. Esta persona me recuerda la película *"Coming to America"* con Eddie Murphy, en la que la mujer que sería su esposa hacía todo lo que él le pidiera y ella respondía hasta caer en lo ridículo. ¡Claro! en la película todo era parte de la misma cultura, pero él se

---

[5] Expresión que indica que la persona se acomoda a cualquier circunstancia.

negaba a que la mujer no tuviera su individualidad. Los de elástico son más que nada aburridos.

14. **De vaquero ("cowboy")**—Los mahones de vaqueros se usan con un entalle ceñido y su accesorio principal es una hebilla grande en su correa ajustada firmemente para mantener el mahón en su lugar como afirmando imponencia. También, suelen llevar botas. Cuando se ve un mahón así, todos giran su cabeza. Así son algunas personas: hay que girar la cabeza cuando llegan a un lugar. Pero sólo son eso: una primera e imponente impresión. Cuando los conoces no tienen esencia. Aún así, se evidencian sin ocultar su personalidad de la cual (correcta o incorrectamente) están muy arraigados. Su imagen te dice: *aquí estoy yo, el macho de la película o la titana de la llanura, las cosas se hacen a mi manera y así es como son las cosas.* No sé...o te unes o huyes. Porque es una persona que como está convencido de sí no va a cambiar, podrá hacerte cambiar a ti, pero esa persona no porque ella piensa que está bien y las cosas son como esa persona dice y punto. Es la clásica persona controladora.

15. **Pata recta y al tobillo**—El diseño de la pata es sumamente cómodo, pata recta sin ajustar. El largo al tobillo lo hace llevadero con zapatos o, en el caso de la mujer, hasta con tacón. Lo puedes llevar donde quieras. Así es la persona, en su compañía te sientes cómoda, puedes hablar y te entiende. ¡Hay esperanza!

16. Con **"pliegues"**, **plisados**, **"abuelitos"**—Moda conservadora, cintura entallada, con pliegues que ofrecen soltura; lucen y son cómodos. Estas personas son conservadoras, seguras de sí, con buen entendimiento, saben hacia donde van y la relación está definida. Ajustada, segura, pero te

da espacio, están seguros tanto de sí como de ti y entras a una relación que te permite crecer a tus anchas en cada aspecto de tu vida. Es una relación que da seguridad y confort. Pero, al igual que el mahón de pliegues, esta personalidad está fuera de moda y escasa aunque es la más estable y la más anhelada cuando se trata de compartir la vida misma.

17. Están aquellos mahones que nos compramos porque los queremos tener, pero no existe nuestro tamaño. Como si un capricho interno gritara: *"¡Es mío, mío, mío!"* Lo llevamos a entallar al sastre y éste hace su trabajo; peeeeeeeeeeeeero, molesta por un lado o por otro. Nos gustaba tanto, pero no es lo mismo un mahón que nos sirva de primera intención a uno totalmente adaptado porque no había nuestro tamaño. (Por no decir siempre, casi siempre ocurre con los mahones entallados. Claro, habrá mahones para llevar al sastre, ya sea para el ruedo o para entallar la cintura, especialmente en el caso de las féminas. Cuando esto ocurre luego el mahón entalla muy bien.) Así son algunas personas, se encaprichan en un ser humano en particular. Es esa persona y punto. Y cuando comienzan a conocerse, tropiezan; no hay química, no hay compatibilidad, resulta totalmente contrario a todo lo pensado. Lo del ruedo y la cintura se puede aplicar a todas las relaciones; son ajustes, tolerancia que tenemos y que van a tener hacia nosotros. Pero cambiar totalmente para complacer a la otra persona o involucrarse forzadamente en una relación que de antemano da visos de que no se debe proceder, es inaceptable. Es asegurarse lágrimas, tristeza, energía desperdiciada y eso no es lo que queremos, ni merecemos.

18. Y entre todos estos modelos, tal vez hace más de una década estás guardando en tu closet un mahón que te gusta mucho, pero que ya no te sirve. Piensas y esperas que un

día lo volverás a usar. Así hay algunas personas también. Se anclan y se aferran al pasado, a la moda e igual proceden en sus relaciones, en su estilo de vida y se estancan, se conforman y no progresan en cualquier o todas las áreas de su vida. Son los que piensan que cualquier tiempo pasado fue mejor. O peor aún, siguen aferrados a aquel amor que no pudo ser, así pierden su tiempo y no dan lugar a otras oportunidades en su vida.

Debo aclarar que esta alegoría no es un manual para juzgar a las personas de acuerdo al modelo de pantalón o mahón que lleve puesto, sino una comparación humorística para reconocer e identificar cuál de todas esas personalidades es la nuestra. Luego, repasar sobre esas personas que han sido parejas o intentos de parejas y cuál es su personalidad. También deberíamos preguntarnos cuántas veces hemos escogido el mismo tipo de persona y la relación no ha funcionado. Así como ¿cuál es el tipo de personalidad que quiero para mí, para compartir hasta mis últimos días? Una vez examinado y contestado las preguntas continuemos.

Preguntas para meditar:

1. Además de reírte, ¿asociaste tu personalidad a algún tipo de mahón en particular?

    _____

2. ¿Identificaste la personalidad que sueles seleccionar cuando compartes en pareja?

    _____

3. ¿Resulta positiva o negativa? _____

4. ¿Identificaste la personalidad que quisieras tener o aquello que quisieras moldear?

   _____

5. ¿Identificaste la personalidad que quieres que tu pareja posea?

   _____

6. Identificaste la personalidad de alguna ex pareja cuya relación no resultó a los fines de reconocerla tan pronto vuelva a surgir una similar en tu escenario?

   _____

   _____

   _____

El inventario

¿Qué soltero no ha sido halagado con lo siguiente? *"¿Por qué una persona soltera como tú está sola?"* o *"¡Tan bien que estás! Toda (o) una profesional, has llegado a dónde estás, te has realizado en esto y lo otro, tienes esto y aquello...bla, bla, bla...puedes conseguirte a cualquiera."* La vez más reciente que se lo dijeron a mi amiga exclamó a viva voz: *"¡Qué alguien me diga dónde está cualquiera!"* Para unos, más que halago esos comentarios muy bien intencionados resultan en una carga implícita de esas que la sociedad de alguna manera impone a los solteros.

Claro que todos los solteros han escuchado una y otra vez a esos buenos amigos y admiradores de ambos sexos expresarse así hacia ellos. Según esa gente linda que te aprecia, que te ha visto crecer (sea que te conoce de la infancia, de intelecto, de experiencias, de vivencias, emocionalmente...de la forma como quieras conjugar crecer), tienes todos los atributos para que cualquier ser existencial quede prendado de ti, eres tú quien escoges ¡el mundo es tuyo!

La verdad es que no estás nada mal. Eres una persona atractiva, tienes un buen empleo, eres un ejecutivo o tienes tu propia empresa, estudiaste, tienes tu lugar para vivir y tu medio de transporte, has tenido algunas experiencias que cargas en tu equipaje, estás financieramente estable y cada quien (un noventa por ciento, digamos) desea llegar al final de sus días felizmente acompañado. Pero ¿qué pasó? que quizás a la mitad o un poco más allá de la mitad de tu vida aún continúas solo. Has tenido varios intentos y ninguna relación ha progresado. Has errado al dar oportunidades, pero eso es bueno porque demuestra que no has perdido la fe, que estás vivo y que la chispa de eso que llaman amor las lágrimas enjugadas no la han apagado, sigue ardiente.

Seguimos. Todos en tu entorno te admiran, te lo recuerdan cada vez que te hacen el inventario que, incluso, implícitamente te motivan a hacer el tuyo. Si al mismo añades que profesas una religión, que eres un ser humano más o menos estable emocionalmente y que posees buen sentido del humor, pues eres la receta que no se consigue precisamente "over the counter". *"Tal y como el médico te recetó..."* Sin embargo, lo cierto es que no quieres escuchar una vez más que te admiran. Para eso antes existían los "fan club" y no eres un artista para que todos te admiren y te lisonjeen por tus logros profesionales y personales. Tú los sabes, después de todo eres el protagonista de todos ellos. ¡Cómo no saberlo! ¡Cómo no saber el caudal de virtudes y cuánto se ha logrado! No necesitas reconocimiento, no es lo que estás buscando. Sólo quieres que te amen. Estás esperando que llegue y es YA…el amor, de una buena vez y por siempre.

¿Quién se pega? O mejor dicho, ¿quién escoge?

Hay muchas diferencias entre el hombre y la mujer. Hay muchas similitudes también. Ya vimos algunas de ellas y durante toda la lectura encontrarás otras. Otra diferencia entre el hombre y la mujer es que ellos son los que escogen, los que deciden dónde está la relación, si nos casamos o no, si siguen en la relación o desaparecen de ella. Hay algunos casos aislados en que la mujer toma la iniciativa, precisamente de iniciar la relación y le va bien. Pero en la mayoría, hacerlo amedrenta al hombre, recuerda que todavía nos quedan los resabios de una cultura machista. También, existen los muchos otros casos que a fin de cuentas es la mujer que decide porque ella escoge si da el *sí quiero* o no lo da; o se da cuenta de que algo no va muy bien, no es como quisiera y decide no prolongar más la relación antes de recibir la proposición. O sea que, a fin de cuentas no, no es el hombre. La mujer es quien escoge.

Muchos hombres están en negación de comprometerse pues la realidad es que muchas veces pueden obtener lo que quieren sin necesidad de comprometerse. Si lo tienen gratis, ¿por qué pagar con su libertad por ello? Claro, que en el caso de los hombres quizás obtengan lo que es más fácil, pero no necesariamente lo más preciado, mientras se entretienen con lo primero. Y tal vez lo preciado, sea apreciado por otro que a fin de cuentas el primero lo pierde. Si la soltera cae en aquello de lo fácil a fin de que se pegue o cae en ello no por fácil sino por sentimientos, mucho cuidado pues la soltera puede ser la pegada, ya que la relación sexual la enlaza mientras no necesariamente ocurre así en el hombre. No es un trabalenguas, es parte de la realidad.

Y hay otro elemento en el caso de las féminas. Éstas podrían preguntarse ¿qué es eso de que la mujer es quien escoge? ¿Hay una fila tras de mí de la cual no me he enterado? ¿O son tan tímidos como el payaso que cuando la trapecista cae, le confiesa su amor de toda la vida y ella también lo amaba, pero él nunca dijo nada sino en su lecho de muerte? Porque bien sabemos que el machismo continúa arraigado en nuestra cultura—aún cuando no se mencione—y es el hombre quien decide proponer, pero es la mujer quien decide si lo acepta o no, si se casa o no se casa, si sigue en la relación o si la termina. Es el hombre que necesita esa intriga, ese reto o esa llama que lo conduce a la conquista. Y de encenderla se encarga la mujer. Por otro lado, claro que nosotras podemos dar un "la". Como en una ocasión compartía con un grupo, puedo darle a un hombre el "la" de que sí me interesa, quizás hasta algunas notas musicales adicionales, pero la quinta sinfonía le corresponde a él. Porque así hemos sido enseñadas, el hombre conquista.

En muchos otros casos la posición más difícil es la de la mujer a la hora de escoger. Porque a un hombre, digamos, lo pueden rondar tres mujeres y él puede hacerse el indiferente, como que no entiende las señales si a él no le gusta alguna de las tres o indiferente con la que no le guste. El hombre puede incluso ir a su paso. Puede ir leeeeeeeeento si así lo desea. También puede decidir atender a la que le atrae si es que verdaderamente es recíproco. Sin embargo, a la mujer la pueden rondar tres hombres y ¿qué pasa? Si la ronda es directa, crea una presión. Ella tiene que escoger directamente a uno de los tres (se supone), mientras el hombre puede dar largas al asunto. Sí, lo sabemos, algunos deciden entretenerlas a las tres. Pero en este libro me voy a referir a hombres y mujeres íntegros, maduros, que saben lo que quieren, cuyas relaciones no han prosperado aún no sabemos (¿o si sabemos?) porqué. Una de las desventajas es que si sólo se conoce a la persona físicamente, entiéndase que la ha visto, quizás sabe su nombre y no tiene mucha información, la decisión sería meramente por lo físico y esto nos puede dar sorpresas. Lo verdaderamente ideal sería que, aunque fuera participante de un grupo que se frecuenta, hubiese compartido en varias ocasiones para observar el comportamiento y la personalidad de cada cual que es lo que a fin de cuentas se reflejará; y de todos modos también puede traer sorpresas. Puede ser el hombre más guapo del universo, la mujer más curvilínea del globo terráqueo, pero si su personalidad, inteligencia, valores, creencias, gustos y preferencias no armonizan con los tuyos, no es ese el amor que buscas y que quieres que se te pegue como tampoco va a ser la paz lo que precisamente va a reinar en tu ~~hogar, digo entonces sería~~ casa.

Hay sorpresas de todo tipo y se llaman sorpresas porque es algo que uno no espera. Mi amiga Eneida García me cuenta que tuvo que sugerirle a otra, referir a su ex pareja a DACO[6] por anuncio engañoso. La chica era novia de un joven que la enamoró y ella correspondió pues hacía tiempo que le atraía. Pero no sólo era su amor sino sus acciones que eran cónsonas con sus palabras. ¡Al fin le había llegado el amor a la amiga! Todo era perfecto de ambas partes. Compartían mucho y había planes para el

---

[6] Son las siglas en Puerto Rico para el Departamento de Asuntos al Consumidor, ante el cual se presentan querellas sobre productos o servicios, entre ellos por anuncios engañosos.

futuro. Ella estaba enamorada y como él hablaba y se conducía, también estaba enamorado. Y un buen día (honestamente sería un mal día), el joven le dice a su novia que no quiere continuar la relación. No había excusas. ¿Qué pasó? No lo sabemos. Todos los conocidos quedaron atónitos. Son este tipo de sorpresas las que no queremos. Y claro lo de referirlo a DACO fue una salida humorística de las que siempre hace Eneida.

Hay que reconocer que el hombre y la mujer son diferentes con todo lo que ello implica. A una misma acción pueden responder de modos discrepantes por la forma de percibir o interpretar las acciones o sucesos, en la manera de resolver los conflictos y en la forma de pensar. También, las necesidades principales del hombre son disímiles a las necesidades principales de la mujer. Así somos los seres humanos, sumamente interesante. Pero si no entendemos que tanto el hombre como la mujer son distintos, esto creará conflictos en una relación. Por el contrario, cuando se reconoce la diferencia ya es un paso adelantado; y cuando no sólo se reconoce sino que se entiende mucho se ha avanzado y entonces se podrán conducir relaciones fructíferas.

Pero a fin de cuentas, no se trata de quién escoge. Pues mencioné que la mujer pero ¿qué tal si el hombre nunca propone? Lo cierto es que, de un modo o de otro, ambos tienen la opción de escoger.

¿Y si se me pega, no es quien quiero?

Algunos no sólo se preguntan *¿Por qué ni un piojo se me pega?* sino que añaden *¿Y si se me pega, no es quien quiero?* Creo que *¿Y si se me pega, no es quien quiero?*

no debe ser tomado a modo de recordatorio de cuando has sido tú a quien no han querido, no te vas a menospreciar a ti mismo aún cuando hayas vivido esa experiencia. Tampoco debe ser tomado menospreciando a nadie. Creo que cada ser humano, tú, yo y los demás, somos una valiosa contribución a nuestra sociedad, a nuestro mundo, a nuestra familia, al—digámoslo así—al planeta tierra; por ello estamos aquí, ¡somos de bendición! ¡Tú eres una bendición! Siempre existe una persona en particular que es la que te gusta, ya sea por su físico, por la esencia misma de su ser (creo muchísimo más en esta última) o por ambas cosas.

Creo que si se te pega no es quien quieres es porque permites que se te pegue esa persona que no quieres. Sí, porque bien te puede pretender, pero tú decides si se te pega o no. Y si se te pega, pues tú lo permitiste. Otra cosa es que te acose, pero no vamos a hablar de esto. Si es pega, es porque tú lo permites. O tal vez estás transmitiendo un mensaje equivocado. Un mensaje que podría ser no de necesidad, necesitados estamos todos, sino de desesperanza. *¡Alguien que me mire, alguien que me diga cualquier cosa, pero que me diga algo!* Tranquilo, tranquila, porque tampoco es caer rendido ante el primero que te diga *¡qué ojos lindos tienes!* o la primera que te guiñe un ojo. Pues precisamente es ahí donde das lugar a aquellas personas que tú no quieres que se te peguen. No porque esas acciones sean incorrectas sino que cedes ante cualquiera. *¿Y si se me pega, no es quien quiero?* si este es tu caso entonces sería bueno identificar qué señales estás transmitiendo que una persona en particular te interpreta como pegamento para sí y por eso se te pega. ¿Estás dando la impresión de ser una persona desesperada que acepta a cualquiera que te saque de cautiverio? Esto ocasiona que alejes a las personas idóneas o que atraigas a tu vida a las equivocadas cuya relación durará mientras te tengan y luego te dicen adiós sin la más mínima compasión ni misericordia y tú quedas con sentimientos de desamparo, tristeza y melancolía. ¿Es esto lo que quieres para ti?

Tampoco se trata de que "quien quiero" *(¿Por qué ni un piojo se me pega? ¿Y si se me pega, no es quien quiero?)* sea una persona exageradamente atractiva, con las proporciones que enfatizan los anuncios de televisión, que sea más o menos instruida que tú, más o menos profesional que tú, sino que sea una persona segura de lo que quiere en la vida, una persona segura de sí, que no le importe ni le preocupe si eres más exitosa que ella, que no tiene complejos, que no representas una amenaza a su dignidad sino que te ve como complemento armonizante.

¿Y si se me pega, no es quien quiero? entonces es el momento de realizar un análisis profundo de porqué esto está sucediendo. Lo más recomendable es dar tiempo suficiente para compartir con las personas antes de dar lugar a que se te pegue. De esta manera se estudia a la persona en función de una relación y se va determinando si merece el espacio propio para que la relación se desarrolle o si hay algo por lo cual pasar página, "next", descanso, receso y de vuelta a la circulación.

Otro aspecto de este tema, "*si se me pega no es quien quiero*", es aquel en que la persona lo que está diciendo constantemente es "*no existe persona suficientemente buena para mí*". A cada ser viviente le encuentra una falta. Si este es tu caso y ciertamente deseas encontrar tu piojo, más allá de una revaluación tal vez sería el momento de buscar ayuda profesional para encontrar una erradicación de conducta cada vez que un buen ser humano se acerca con buenas intenciones. No es que tengas que aceptar a cualquiera, ya lo hemos dicho, sino identificar y apreciar cuando alguien que ha hecho su aparición merece le brindes la oportunidad. Y reconociendo, además, que tú tampoco eres un ser humano perfecto ¡maravilloso, sí!

Y así tenemos una buena población de solteros, viudos y divorciados que están solos. Entonces ¿qué les depara..? ¿Cómo llegarán a la vejez? ¿Es conformarse con aquella persona que se le pega, pero no es quien quiere porque a fin de cuentas el amor es una decisión? Sí, pero una decisión también incluye escoger. Y puedes escoger...puedes escoger ser feliz o no, quejarte o no, pecar o no, pegarte o no.

Luego de todo lo anterior, pasemos al tema de la soledad pues con toda probabilidad si estás frente a estas líneas es porque precisamente la tienes de compañía.

Preguntas para meditar:

1. ¿Se te ha pegado quien no quieres? _____

2. ¿Cómo están tus señales? ¿Correctas, equivocas o *allá los demás*?

   _____

   _____

3. ¿Te has sentido presionado por el inventario que te hacen tus amigos o familiares?

   _____

   _____

4. ¿Te has hecho un inventario sobre todo lo que has alcanzado en esta etapa de tu vida? Si la respuesta es en la negativa, comienza ahora.

_____

_____

_____

_____

Tercera parte:

Hasta hoy

"El casado es como el bailarín,
'al son que le tocan baila'[7],
mientras que el soltero es como el artista del lienzo;
él mismo va dando forma a lo que desea crear.".
Ali Velázquez Rivera

---

[7] Expresión utilizada en Puerto Rico sobre la persona que se adapta a cualquier situación.

Nuestra amiga soledad – No estás sólo en esto

Cuando he escrito libros, siempre le doy el borrador a varias personas para que lo lean y me den sus comentarios. Para la Gloria de Dios los comentarios han sido más que alentadores pues ha ministrado a esas vidas. Hablando del primer libro "*...porque yo también lo viví*" dirigido al soltero, viudo y divorciado se lo di a varias personas; entre ellas amigas casadas de diferentes religiones o de ninguna.

Es curioso que algunas de estas personas casadas por más de 20 años me comentaron: "*el soltero no es el único que se siente solo..., me identifiqué contigo, pues yo también me he sentido sola*". Ciertamente, era un comentario que no esperaba escuchar y que traigo a colación para que tengas conciencia de que si tú que eres soltero, viudo o divorciado piensas o sientes que esa soledad que en algún momento has sentido es exclusiva de tu estatus de soltero estás equivocado. Hay mucha gente con la patita echá' a media noche que se siente tan miserablemente solo como a veces te has sentido. Entonces ¿qué está pasando? ¿Qué puedes hacer con esa soledad y esos sentimientos de soledad? Primero veamos qué es eso que se llama soledad[8]:

"*...carencia voluntaria o involuntaria de compañía....*" ¡Interesante! Si es voluntaria es porque la persona lo ha decidido y si lo ha decidido, entonces no se pregunta *¿por qué ni un piojo se me pega?* La pregunta surge cuando la realidad es la segunda parte de esa frase: "*...carencia...involuntaria de compañía...*"

---

[8] Diccionario de la Lengua Española, Real Academia Española (en adelante DRAE), edición 21, página 2085.

"*Pesar y melancolía que se sienten por la ausencia, muerte o pérdida de alguien o de algo.*" Con esta definición descubrimos que la soledad es un sentimiento (y un baile como verás más adelante en su tercera definición): *pesar o melancolía que se siente por la ausencia o pérdida de alguien.* No repito muerte porque la muerte es una pérdida. Sea que lo hayamos decidido nosotros y estemos más que preparados, el divorcio también es otra pérdida. Y ¿qué de relaciones rotas? Lo hayamos decidido nosotros o la otra parte representa lo mismo, pérdida de otro sueño, de otra ilusión especialmente cuando ya pensábamos: "*Yo creía que éste (chasquido de dedos) era.*"

"*Pesar o melancolía que se sienten por la ausencia o pérdida de alguien.*" Esta definición me traslada al cuento Los Pedazos del Corazón:

> "*Y ahí quedé de rodillas, en el suelo, frente a los pedazos dispersos de mi corazón destrozado. ...yacían los pedazos tintos y aún palpitantes de un corazón que, a pesar del maltrato recibido, todavía no se resignaba a perder el amor de...*
>
> *...Estaba un poco mareado, me faltaba el aire, la cabeza la sentía muy liviana. De ocurrirme, en esas condiciones, un accidente, ¿cómo explicarles a los policías que no estaba borracho ni drogado sino que tenía el corazón hecho pedazos?*"[9]

A esta edad nuestra ¿a quién no le han roto el corazón? Cierto es que muchos hemos sido protagonistas de una relación que sucumbe y en algún momento hemos sentido nuestro corazón hecho añicos y las ilusiones juntamente con él.

---

[9] Del escritor puertorriqueño Luis López Nieves.

Amada, amado (porque los hombres también tienen sentimientos) si éste es tu caso, llóralo un rato. No hay problema en llorar, Jesús también lloró. Pero no te sumerjas en un estilo de vida de víctima entre lágrimas y penas, haz tu parte para levantarte y seguir adelante. Claro que puedes comprarte un buen galón de mantecado (cuidado con el azúcar aunque lo hay "sugar free"), acabar de una vez con las calorías del chocolate, buscarte un trapo viejo para que seques tu llanto. Busca ayuda profesional de ser necesario. Tómate tu tiempo, pero no dediques tu vida a ello. Entonces cierra ese capítulo, no dejes de orar (*"Clama a mí, y Yo te responderé..."*[10]). Lo del trapo viejo es para que te seques las lágrimas mientras descubres que apesta, decidas botarlo y, por ende, dejar de llorar. (¿Alguna vez te has encontrado con una persona-amiga cuya cantaleta ya apesta?) ¿Dejaste de llorar, te levantaste? Luego, ¡sal de ahí! Mírate al espejo, sonríe y ejercítate para quemar esas calorías o terminarás como un globo terráqueo.

Hay que tener en cuenta que, mientras la mujer se crió motivada a dar rienda suelta a sus emociones y a compartir sus penas con las amigas, a esos varones contemporáneos los criaron como el más macho de la película, que reprime su pena y no la comparte, aparentando que todo está bien aunque se esté muriendo por dentro. Esto es otra diferencia que existe entre el hombre y la mujer y que se remonta al tiempo de nuestra crianza. Toma esto como punto de

---

[10] Jeremías 33:3. Nota: Los textos bíblicos utilizados se encuentran en la Santa Biblia, Biblia de Estudio Ampliada, Editorial Vida, a menos que se indique lo contrario. En estas citas es énfasis nuestro, no del original, todo lo que aparece sombreado, en negritas, subrayado, paréntesis, corchetes o en mayúsculas. También, se han escrito en mayúsculas otras palabras cuando se refiere a Dios aunque no esté así en su texto original.

referencia, de conocimiento y de entendimiento, no de justificación, con la salvedad de que si ese hombre se da cuenta del muro de contención que forma y hace algo al respecto, pues mucho avanza nuestra sociedad y ¡hurra! a ellos.

Este pesar y melancolía conlleva un período en el que con toda probabilidad se conjugarán uno, más o todos de los siguientes verbos:

- Llorar
- Entristecer
- Comer o dejar de comer
- Amargarse la propia existencia y la de otros
- Pensar y sentir que:
  - es el momento más difícil e insuperable de tu vida
  - que el reloj se detiene
  - te sientes por un tiempo prolongado con fluctuaciones en tu estado anímico, sintiendo que no superas el momento y que el proceso se hace largo. De pronto sientes que recobraste el aliento y otra vez, al día siguiente llegas a tu casa y sientes que ni siquiera el universo se ha enterado de tu existencia. Buenas noticias: No estás solo en esto, le ha pasado a casi todo el mundo y ¿sabes qué? esto también pasará, es pasajero.

Decimos lo del mantecado y chocolate porque es lo que se asocia con la mujer, pero al hombre también le encanta. ¿Sabes tú con qué le da a los hombres ante un desamor? Con lo mismo que a la mujer, lee lo que me escribió un amigo a sabiendas de que lo compartiría contigo:

"Luego de un desamor (únicamente cuando se ama sinceramente y tu confianza es plena en que Dios tiene el control),

1. *Sufres agonizantemente* [Tiempo de negación].
2. *Sacas un tiempo de espera.*
3. *Te detienes a escuchar la voz de Dios.* [¿Lo conoces?]
4. *Debes trabajar con el coraje que pueda haber en tu interior.*
5. *También, debes perdonar delante de Dios.*
6. *Analizas toda la situación con honestidad y reconoces tus errores.*
7. *Le sacas provecho a esa relación, reconociendo todo lo bueno, especial y único que aprendiste y aprecias de esa persona tan significativa.*
8. *Te preparas para poner en práctica todo lo que aprendiste de esa relación que te crece como persona y donde puedes bendecir a otra más adelante siendo mejor ser humano."*

Si piensas que esto es meramente un escrito de un sólo hombre, piensa en todas las composiciones de amor. La mayoría, su gran mayoría, es escrita por hombres. Ellos aman tan intensamente como la mujer. Y, por otro lado, cuando de dolencias del corazón se trata *"El sana a los quebrantados de corazón, y venda sus heridas..."*[11] Algo que llama mi atención es que mi amigo indica *"...Dios tiene el control"*. Muchas personas creen que una vez Dios entra en sus vidas ya no pasarán por situaciones difíciles. Relaciones rotas son situaciones difíciles y aún en Sus caminos algunos pasarán por ellas. Lo que sí es alentador es que cuando Dios forma parte de tu vida pasarán

---

[11] Salmo 147:3.

situaciones adversas, las llorarás pero aún así El te da fortaleza y sabiduría, lo cual hace que tu actitud hacia ellas sea diferente. No es que no las sufras, pero en el proceso sabes que hay esperanza; no, no, no es el fin.

De mal de amores

Así que cuando de mal de amores se trata y determinas reconstruir tu corazón, ¿qué tal hacer una pausa antes de lanzarte a una nueva relación? Toma en cuenta lo siguiente:

1. Sé paciente contigo mismo y tómate tu tiempo (no tu vida), cógelo suave. No te precipites a entrar a nuevas relaciones.

2. Date un tiempo para sanar y visualizarte hacia futuras relaciones. En el proceso analiza las fallas de la relación, de quién escogiste como pareja así como las propias sin intentar condenarte. No para lamentarte de lo que pudo haber sido y no fue, culparte y hundirte en el pozo de la desesperación, sino para prepararte para el futuro. Identifica qué esperas de una relación y qué estás dispuesto a dar. Escríbelo.

_____

_____

3. Reconoce y busca dentro de ti tus cualidades, algo lindo y único tienes tú que te distingue de los demás, no eres un clon, y, si por alguna razón lo has olvidado, pide a tus amistades que te ayuden a recordarlo. Algo te distingue

de los demás, pero además tienes otras cualidades y talentos. Escríbelos.

_____ _____

_____ _____

_____ _____

_____ _____

4. Cuídate, nadie lo hará mejor que tú…por tu salud, tu sueño, tu calidad de vida. Si necesitas ayuda profesional, ejercitarte, ir al médico, darte un "make over", buscar de Dios, un grupo de apoyo, buscar a los amigos o hacer nuevos, no te detengas. ¡Adelante! La vida no se detiene, es aquí que comienza.

5. Cuenta tus bendiciones. Cuando se atraviesa una situación adversa, la persona tiende a olvidar sus bendiciones. Pero existen, están ahí. Recuerda las tuyas. Creo que te pueden faltar dedos para contarlas.

_____

_____

_____

_____

6. Comienza y no ceses de dar gracias a Dios. Después de todo aunque hayan situaciones que no entendamos, El está a cargo de todo. No te culpes tú, no culpes a terceros y tampoco le eches la culpa a Él.

Señor, te doy gracias por _____

_____

_____

_____

_____

_____

7. Mantente ocupado. El ocio es un enemigo para cualquier persona. Tener la mente ocupada con un balance de quietud, paz y relajamiento es sumamente vital para la persona sola. Pues los sentimientos de soledad aumentan y divagan cuando no tienes algo que hacer. Esto es más importante aún luego que se rompe el corazón por relaciones que parecían prometedoras. No es que no llores, debes hacerlo, así como hacer un análisis de ello; pero procura mantener tu mente ocupada en otras cosas, tal vez en aquellos sueños que tienes "durmiendo".

8. Ensaya la mejor de tus sonrisas. En cuanto te sea posible, ríe y sonríe. En el espacio, dibújate, sí, a ti mismo con una sonrisa.

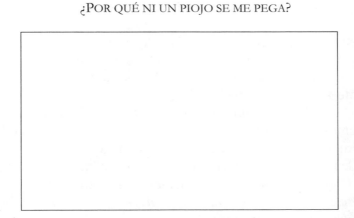

Recuerda que todo en la vida es pasajero y el dolor un día también pasará.

"Jehová te bendiga y te guarde; Jehová haga resplandecer Su rostro sobre ti, y tenga de ti misericordia; Jehová alce sobre ti Su rostro, y ponga en ti paz."[12]

El escenario puede cambiar

Claro que puede cambiar. Tu escenario tú lo puedes cambiar. Especialmente si deseas que alguien se te pegue. ¿Te pegarías tú a alguien que está en constante pena y melancolía? ¿Es eso lo que tú quieres a tu lado hasta el final de tus días? La realidad es que tampoco los demás lo quieren. ¿Será por eso que nadie se te pega? Deja el pesar y la melancolía, sustitúyelo por alegría. Haz la prueba dile a un grupo que vas a tomar una foto. Comenzarán las excusas. *"No estoy maquillada...No estoy bien vestido..."* ¿Sabes lo que necesitas para una buena foto? Una linda sonrisa. Estoy enseñando a Valeria la importancia de sonreír y que antes de salir del hogar se mire al espejo y

---

[12] Números 6:24-26.

sonría. Unas veces nos da algo de trabajo y otras veces hasta lo olvidamos, pero seguimos. Estamos en proceso; la vida misma es un aprendizaje. Antes de salir de tu casa mírate al espejo y sonríe. Di en voz alta: *"Este es el día que hizo el Señor, día de alegría y de gozo."* Nosotras lo hacemos tan pronto subimos al auto y lo hacemos al son de cualquier ritmo musical, desde sopranos hasta los más candentes entre los más jóvenes. Al alcance de nuestra vista en nuestro hogar tenemos un rótulo con esta afirmación: *"Me enfrento al universo con ¡amor, fe, compromiso y entusiasmo!"*.

La tercera definición de soledad que quisiera compartir contigo es una que debería ser un mandato divino. Dice el Diccionario de la Lengua Española, Real Academia Española, que soledad es:

"danza que se baila..."

¡Qué interesante! ¿Por qué no podemos hacer de esto nuestro estilo de vida? Tomando como referencia las definiciones del diccionario para soledad sería recomendable aplicar aquella que escuchó un hermano soltero, Robin:

*"La soledad es un buen lugar para visitar,
pero un mal lugar para quedarse."*

Certero por demás en el caso de que no se utilice ese período adecuadamente. Así que ¿qué escoges tú en este día? ¿vivir en pesar y melancolía o vivir una vida plena reflejando felicidad y paz en todos tus asuntos?

Ríe más a menudo. Aprende a reírte de ti mismo. No te lamentes cuando hayas hecho el ridículo, ríete. La gente alegre contagia, nos inspira. Los que están en pesar y melancolía, oramos por ellos, los consolamos un breve tiempo, pero si quieren continuar así le decimos "*adiós piojito*" porque nos consumen y al fin y al cabo el que unos escojamos no vivir en pesar y melancolía no quiere decir que no tengamos situaciones, también las tenemos, pero no vamos a permitir que nos quiten la energía. De ninguna manera. No es que no tengamos problemas, es que tenemos la presencia del poder del Dios en nuestro ser, es que hemos decidido ser felices a pesar de cualquier circunstancia. A fin de cuentas lo que nos dará la victoria es la actitud con que enfrentemos cada situación.

Preguntas para meditar:

1. ¿Cuál ha sido tu concepto de soledad?_____

_____

_____

_____

2. ¿Te amargas fácilmente? _____

_____

_____

3. En tu ser interior ¿queda algo por sanar?

_____

_____

4. ¿Estás motivado? _____

   _____

   _____

5. ¿Algún plan de acción?

   _____

   _____

   _____

   _____

"Lávame, y seré más blanco que la nieve."[13]

Cuando era pequeña, recuerdo que en las bodas aquellos que hacían los brindis hablaban de que *el amor es como una planta que había que cultivar, sino se le echa agua* (y algunos hasta le hablan), *muere*. Yo me remontaría un poco más atrás, antes de cultivar. Yo creo que hay que preparar el terreno para que sea un terreno fértil. Un terreno fértil es uno que da frutos. Y es así como aquellos solteros que desean casarse, que desean que alguien se les pegue deben limpiar su casa (su cuerpo, su mente y su espíritu) para tenerla fértil para que cuando esa persona llegue esté en condiciones óptimas para que todo funcione y fluya. De hecho cuando tú compras pega, las instrucciones indican que antes de pegar, limpies y luego cuando esté seco y limpio, entonces y sólo entonces, pegas. ¡Qué cosas! ¿No? Así deben hacer los solteros antes de pegarse a alguien, limpiar su ser de toda huella pasada.

De la misma manera, cuando en tu hogar esperas visita ¿qué haces? La limpias, la pones en orden, aromatizas el ambiente; en fin, te desvives. A veces quieres hacer lo que no has hecho en mucho tiempo para recibir con lo mejor y con beneplácito a tu visita. Así también mientras estás soltero puedes usar la soltería como un período de esperar visita. Dentro de esa limpieza, dentro de esa espera algo que también resulta saludable es sanar relaciones, aquellas que de alguna manera han resultado lastimadas; tales como: con tu jefe, compañeros de trabajo (el trabajo es donde pasas el mayor tiempo de tu vida), con el padre o la madre de tu hijo (éstas son relaciones para toda la vida), en fin, con cualquier ente del universo con quien has tenido serias dificultades.

---

[13] Salmo 51:7.

Pero tan o más importante es sanar las propias, aquella culpa que estás cargando por un pecado o error cometido y que—aunque ha pasado ya mucho tiempo—no te has perdonado. Antes de iniciar una relación es vital que te hayas perdonado.

> *"El fracaso no es caer. Es permanecer caído."*[14]
> Mary Pickford

Total, tú no estás sólo en esto. La Biblia dice *"...no hay justo, ni aun uno..."*[15]. Muchas veces no vas a encontrar algo nuevo hasta que salgas de lo viejo. Una etapa nos lleva a otra. Cuando aún no has sanado, no es el mejor momento para comenzar relaciones. De la misma manera que tú no quieres a nadie enfermo llegue a tu vida, así tampoco otros quieren llegar a tu vida a sanar las heridas que otras personas dejaron en ti. Así que es hora de sanar, para que cuando alguien llegue, se pegue. Y no sólo para cuando alguien llegue, aún para disfrutar a plenitud tu soltería, es necesario sanar.

Cuando te preguntas *¿por qué ni un piojo se me pega?* definitivamente no sólo es porque esperas sino porque deseas que alguien se te pegue. Esperas que en algún momento (¡Qué sea pronto, por favor!) alguien del sexo opuesto llegue a tu vida eternamente y para siempre. Entonces, si te haces la pregunta *¿por qué ni un piojo se me pega?* sería bueno hacerte un autoanálisis. ¿Cómo está tu vida espiritual, emocional...? ¿Qué mensaje estás transmitiendo? O ¿estás como el celular, con interferencia o sencillamente no hay señal? ¿Hay algo que enderezar, algo que prestar atención, algo que mejorar...?

O tal vez no es algo que haya pasado sino algo que todavía hoy no has tomado la decisión de corregir, de

---

[14] *El librito de instrucciones de Dios para mujeres*, página 153.
[15] Romanos 3:10.

enmendar. Si fuera vida de pecado, ésta trae consigo culpa y condenación. Ambas no brindan satisfacción para ninguna de las partes; no se satisface a sí mismo, tampoco a la otra persona mucho menos existe satisfacción espiritual, ni lo uno ni lo otro, *ni la soga ni la cabra*[16]. Una desmoralización total, una insatisfacción plena. Otro agravante para la persona que tiene una vida de pecado, esa que ya ha conocido a Cristo, es que siente que todo lo alcanzado en Sus Caminos se hace nada por causa del pecado. Se siente miserable y perdido. Siente que, en lugar de adelantar en su relación con Dios, ha retrocedido. Pero estamos empezando la lectura y antes de continuar y de que precisamente siquiera un piojo se te pegue, es meritorio que evalúes si tu vida espiritual, emocional y hasta financiera está en orden. Cualquier momento es bueno para una retrospección, para un análisis y éste yo creo que es uno cuando muy en especial te preguntas *¿por qué ni un piojo se me pega?* Si hay que hacer ajustes, es el momento de enmendar. Una vez lo reconoces, El te ayudará y tendrás la victoria.

¿Qué se puede hacer?

1. Reconocer el mal proceder así como los cambios que hay que realizar. Analiza toda la situación. ¿Qué pasó? Identifica los errores.

2. Arrepentirse. Implica que reconozcas la falta con el compromiso y la determinación de no volver a cometerla. *"Enséñame tú lo que yo no veo; si hice mal no lo haré más."*[17] dijo Job. No te justifiques, pero basta también de condenarte. La Biblia describe a Job como varón justo y

---

[16] Dicho popular en Puerto Rico que se refiere cuando de tanto escoger te quedas sin nada.
[17] Job 34:32.

recto delante de Dios, pero falló y, luego, se arrepintió y se determinó a no hacerlo más. No es nuevo que alguien falle. No eres el primero. No es el principio, pero tampoco es el final.

3. Obtener aprendizaje. Identifica qué obtuviste de todo y, por otro lado, reconoce que tienes que acercarte más a Dios.

4. Ver cuánto creciste. Ver cómo has crecido en la situación.

5. No le busques sentido o justificación; simplemente ocurrió. La explicación no cambia la situación. No es un pase de cortesía a ignorar lo que sucedió, sino rectificar y dejar de una vez los lamentos. Pide perdón o sencillamente, según sea el caso, perdónate.

6. Seguir adelante. Basta ya de condenarte, eres tan imperfecto como cualquiera. Basta también de echarle la culpa a los demás.

Conjugando el perdón

A través del libro, hemos mencionado el perdón, requisito indispensable si estamos limpiando nuestro ser. El tema del perdón lo tocaremos en tres vertientes: el que ofrezco al ofensor, el que recibo cuando ofendí y me perdonan, y el autoperdón. Cualquiera que sea el que tengas que conjugar en tu vida, confío que lo puedas hacer para que te llenes de la paz y la liberación que produce perdonar.

<u>El perdón que ofrezco al ofensor</u> - Quizás estés pensando que esa persona que te ofendió no te ha pedido perdón. Perdónalo. No esperes a que venga a ti. Porque de no perdonar seguirás con una carga demasiada pesada para esta travesía que es la vida. El acto de perdonar no quiere

decir precisamente que vas a olvidar, si lo olvidas ¡fantástico! Pero si lo recuerdas que sea sin dolor, sin resentimiento. El ejemplo mayor de esto lo encontramos en la Biblia. Fíjate que Jesús no esperó que le pidieran perdón, ni esperó su resurrección para perdonar a quienes le mataron. Solamente dijo a su Padre: *"Y Jesús decía: Padre, perdónalos, porque no saben lo que hacen."*[18] Wow! ¡Con cuánto amor El nos ama!!

Quizás es triste el hecho de que muchas personas a veces desconocen que ofendieron y la persona ofendida guarda ese resentimiento mientras que el ofensor está feliz. O tal vez pienses: *"Fulanito sabe muy bien lo que me hizo..."*. De todas maneras, cargar con resentimientos no proporciona nada positivo a tu salud emocional ni a la espiritual. Entonces, cuando nuestra salud emocional o espiritual está afectada muchas veces sucumbe también nuestra salud física. La falta de perdón no te añade, te resta.

En una ocasión una persona que me ofendió me preguntó si yo la había perdonado: *"¡Claro!"* le contesté. Incluso se cuestionaba cómo yo había podido perdonarle. Mi respuesta *"Mi amor, mi falta de perdón podría interponerse en mi relación con el Padre y no me puedo dar ese lujo."* No soy perfecta, pero tengo algunas cosas claras

Perdonar es un acto de fe...no es por lo que sentimos, porque muchas veces NO queremos, ni sentimos, ni tenemos la intención de perdonar. Pero es un acto de fe, de buena fe (para el otro y para mí). También, perdonar es un acto de bondad, misericordia y de compasión: Me

---

[18] Lucas 23:34.

conmovió el final de esta porción bíblica: *"así que, al contrario, vosotros más bien debéis perdonarle y consolarle, para que no sea consumido de demasiada tristeza."*[19] No sólo que lo perdones, sino que lo consueles para que la tristeza no lo consuma. Me conmueve la compasión reflejada en este versículo. No sólo tienes que perdonar, sino consolarle y considerarlo, pensar totalmente en la otra persona cuando eres tú el ofendido. Entonces vemos que no sólo es un acto de fe, de bondad y de misericordia, sino un acto de amor. ¿Acaso no es lo que tenemos en nosotros porque Dios es amor? A través de toda la Escritura vemos que perdonar es un mandato, sólo mencionaré una porción: *"Antes sed benignos unos con otros, misericordiosos, perdonándoos unos a otros, como Dios también os perdonó a vosotros en Cristo."*[20] Y ya que estamos instruidos, mira lo que nos dice en Santiago 4:17: *"y al que sabe hacer lo bueno, y no lo hace, le es pecado."*

El perdón que recibo cuando soy yo el ofensor - Para ello debo reconocerlo, arrepentirme e ir a la persona a pedir su perdón. Lo que la persona decida hacer es su prerrogativa. Si la persona te perdona, fantástico. Hay personas que están muy heridas y te cantaletean, no te quieren ver. Si no quiere ver razones, lo significativo es que hiciste tu parte, lo que te correspondía hacer y ya te libraste.

El autoperdón - Cuando luego de cometer una falta, me arrepiento, pido perdón al Padre y recibo Su perdón. Muchas veces la persona que ha fallado vive angustiada, con culpa y condenación porque no se ha perdonado, no se ha reconciliado consigo misma y piensa que tampoco nuestro Padre Celestial la perdonó. O a veces sí, sabe que el Padre la perdona, pero se siente inmerecedor de recibir

---

[19] 2 Corintios 2:7.
[20] Efesios 4:32.

ese perdón. ¡Qué paradójico, no, que complejidad la nuestra, nuestra naturaleza humana! Y ¿sabes qué? Cuando fallamos no es el momento de huir de El sino acercarnos a Él. (En el capítulo 22 encontrarás cómo hacerlo.)

Sucede que muchas veces nos perdona la persona ofendida, perdonamos a aquel que nos ofendió, pero cuando soy yo quien he fallado a la Palabra de Dios, a mí mismo, me equivoqué, me saboteé, fallé, ¡ay Dios! como que a veces es más difícil perdonarnos. Somos muy crueles con nosotros mismos y seguimos culpándonos sin recibir Su perdón aunque ya El nos lo otorgó.

<u>¿Cómo alcanzar el perdón en cualquiera de los tres escenarios mencionados?</u> Sugiero estos cuatro pasos:

1. Arrepentimiento y confesión—Confiésate al Señor. Sólo en El es que somos libres. *"El que encubre sus pecados no prosperará; mas el que los confiesa y se aparta alcanzará misericordia."*[21]

2. Actúa—Ve a la persona ofendida, como mencionamos antes y pide perdón. Si eres tú el ofendido, perdona a tu ofensor y, si eres quien has fallado, pide perdón al Padre y perdónate a ti mismo.

3. Busca en la Palabra todas las escrituras sobre el perdón. Encontrarás los beneficios que proporciona y encontrarás personajes que fallaron y recibieron el perdón del Padre.

4. Recibe el perdón sobre todo de nuestro Señor. Entonces ya no te culpas más, no te auto castigas. Aceptar el perdón de Dios por las faltas cometidas es negar a

---

[21] Proverbios 28:13.

aceptar la condenación del enemigo. *"...ninguna condenación hay para los que están en Cristo Jesús, los que no andan conforme a la carne, sino conforme al espíritu."*[22] Ciertamente cuando perdonamos lo hacemos andando en el espíritu.

Hasta aquí hemos tratado con nosotros, específicamente si hay áreas para limpiar, perdonar y sanar para poder seguir adelante hacia nuevos comienzos. El próximo capítulo nos ayuda a echar un vistazo a aquellos sueños de nuestra juventud.

Preguntas para meditar:

1. ¿Has descubierto qué sentimientos arrastras (experiencias, rencores o culpa) que aún no habías resuelto?

   _____

   _____

   _____

2. ¿Estás "lavado" de todo residuo del pasado?

   _____

   _____

   _____

---

[22] Romanos 8:1.

3. ¿Qué esperas de una relación?

   _____

   _____

4. ¿Qué tienes para ofrecer?

   _____

   _____

   _____

5. ¿Cuál es tu plan de acción al respecto?

   _____

   _____

   _____

No fue esto lo que soñé

¿Quién soñó a sus 17 años con:

"*A los 43 años voy a estar soltero, divorciado o viudo con 3 hijos y participando en un grupo de apoyo para solteros, viudos y divorciados en una iglesia. Y esperaré a ver no quien me merece, sino, quien me recoja. O estaré en este grupo de apoyo buscando primeramente de Dios y ya no me casaré pues ya pasaron mis mejores años, ya ¿pa'qué?*"?

Nadie lo soñó así, no fue así que lo planificaste. Eso no es. Aquí no es precisamente donde anhelaste estar porque eres único, especial y no hay otro como tú. Quizás otros lo merecen, pero tú no, no trabajaste para esto y nadie jamás te habló de ello. Tampoco contemplaste mirar tu vida atrás, tu bagaje, tu baúl de recuerdos y recordar a Pancho, Cirilo, Juan y Pedro como tampoco a Carmen, Gloria, Luisa y Fernanda; creo, algunas opiniones pueden variar.

Tal vez como meta, sueño o final feliz siempre estuvo en tus planes el matrimonio. Ese matrimonio que con todo y dificultades sería para toda la vida. ¿El divorcio?

- Jamás estuvo en tus planes.
- No era un "package" diseñado para ti.
- Tienes ejemplos de matrimonios de muchos años compartidos.
- Eres creyente.
- Has sido líder.
- Te preguntas ¿Cómo me ve Dios?
- ¿Te recriminarían tus hijos?

- No deseas la etiqueta de persona divorciada.
- No quieres incluir en tus referencias: persona divorciada.
- Fuera de tu intención está contribuir con las estadísticas del aumento en la tasa de divorcios.
- Nadie en tu familia se ha divorciado.
- Todos tus hermanos están divorciados ¿hay una crisis en la familia? ¿qué pasó?

No, no soñaste:
- Divorciarte.
- Que pasaran los años y, continuar siendo una persona soltera.
- Que tu pareja se adelantara a la eternidad.
- Una enfermedad y atravesarla sin alguien que cuide de ti.
- Criar solo.
- Compartir con tus hijos en fines de semanas alternos.
- Seleccionar mal.
- Cometer errores que te marcaron.
- Y lo que es peor, repetir los errores.
- Estar solo.
- Seguir…solo.

Pero algo pasó que aquellas relaciones no funcionaron y, a fin de cuentas, aquí estás; listo para un intento más. Después de todo, esto también te añade, te prepara y se supone que has aprendido, crecido y madurado para recibir futuras relaciones o, mejor aún, para una definitiva elección acertada. Tomando como hecho de que, como ser único, hayas aprendido de los errores cometidos. No puedes esperar menos de ti mismo. Y aún más, estar en esta posición habla muy bien de ti. Dice que eres una persona de fe, que tienes esperanzas, que crees; y el mundo necesita gente así, como tú.

Entonces en esta etapa de tu vida, más allá de los 30 o tal vez en los 50 años, es recomendable hacer unos cuantos ejercicios mentales para poder contestar con sinceridad en tu corazón *¿por qué ni un piojo se me pega?*

¿Hay algo que se pueda hacer?

Si no lo estás haciendo, qué tal si comienzas a:

1. Leer libros como éste de temas del soltero que nutra todo tu ser. (¡Bravo por ti! Ya lo estás haciendo.)

2. Poner en práctica sabiamente lo aprendido tanto de tus experiencias vividas como las de otros así como de lo que has leído. En la lectura siempre aprendes algo nuevo, tal vez refrescas conocimiento que ya tienes o te identificas con situaciones particulares y lo puedes observar como espectador, lo cual te puede resultar en ventaja.

3. Rectificar sobre los errores. De algo tiene que haber servido la experiencia, no ha sido solamente para dolores de cabeza, tomar "tylenol", alterar tu metabolismo o deprimirte. Hey! ¡despierta!

4. Reflexionar a fin de identificar claramente dónde estás para moverte hacia donde quieres llegar:
    i. Identificar el comportamiento que te ha dado resultado
    ii. Identificar conducta que no debes repetir

5. Reconocer que el estado tuyo de felicidad no puede depender ni verse afectado porque tienes o no pareja.

6. Decidir:
    i. Sacudirte para comenzar a dar pasos hacia el frente.

    ii. Buscar ayuda profesional si la necesitas.
    iii. Ser feliz.
    iv. Ordenar tu vida.
    v. Salir de tu zona de confort.

7. Perdonar y pedir perdón. Hacerlo nos libera.
8. Ser amigo.
9. Volver, sí, a creer.

Preguntas para meditar:

1. ¿Con quién o qué soñabas a los 17 años? _____
   _____

2. ¿Lo alcanzaste? _____

3. ¿Es lo mismo que ahora anhelas? _____

   ¿No? Entonces ¿qué es lo que anhelas? _____
   _____

4. ¿Tienes algún plan de acción definido? _____
   _____

5. ¿Puedes identificar lo que has aprendido de las experiencias negativas?
   _____
   _____

Desfile por la Alfombra Roja

"Eres una persona extraordinaria..." ¡Ujum!

Tal vez aquello no fue lo que soñaste y lo que viene tampoco, especialmente cuando la relación muestra avances positivos. Así es que una amiga comienza a contarme su indignación cada vez que un buen hombre al cabo de un tiempo compartiendo juntos le dice: *"Eres una persona extraordinaria..."*. Cuando se usa esta frase introductoria, su experiencia ha sido que a la relación le queda sólo unos pocos segundos de vida, pues se precipita a su fin. Así fue que yo también encontré otros ángulos de dicha frase.

¿Alguna vez has pasado por la alfombra roja? La entrada o el paseo comienza así: *"Eres una persona extraordinaria..."* Uso extraordinaria aunque podría ser cualquier otro adjetivo que resulte en un gran elogio. Te pones tu mejor gala para esa otra persona para que comience su desfile: *"Tú eres tan..."*, *"Eres una persona extraordinaria..."* Tan pronto escuches esta introducción: ALERTA. Todavía puedes hacer una de dos cosas:

1. O tú das por terminada la relación, ya puedes anticipar lo que se avecina.

2. O te arriesgas si crees que la persona vale el esfuerzo, después de todo, todo en la vida es a base de riesgos. Y el riesgo aquí es a que (1) te duela si la relación no prospera y (2) el tiempo que necesitarás para el proceso de sanidad interior.

Pero veamos que nos ofrece esta famosa frase introductoria que comienza engrandeciendo al que la dice y, contradictoriamente, empequeñeciendo a quien la recibe.

Frase usada muchas veces prerrompimiento, pues casi anuncia el final de una relación. Fíjate que utilicé "casi" porque como toda regla tiene su excepción; o sea, aún existe quien la utilice literal y sinceramente convencido de los atributos que te reconocerá, continuando, a su vez, la relación y serán felices por siempre.

Sin embargo, vamos a verla desde otro punto de vista frecuentemente utilizado. En muchas ocasiones cuando una persona (hablando de relaciones de pareja) comienza diciéndote: *"Eres una persona extraordinaria"* implica varias áreas a dar pensamiento:

1. Reconoce el gran ser extraordinario que eres tú y eso es fantástico.

Ahora viene el declive:

2. Te anticipa que lo que viene es no verse más.

3. Lo próximo que le sigue es un PERO.

4. Te dice que la relación acaba de sucumbir y esto a su vez te dice que

5. ¿Es una persona mentirosa? Porque si te dice que eres un ser tan extraordinario, quien te lo dice no se lo cree. Si así fuera, no te alejaría de sí. ¿Acaso todos no queremos lo mejor para nosotros? No queremos mediocridades, queremos lo mejor.

6. No sabe lo que quiere.

7. Tiene baja autoestima o complejo de inferioridad y éstos se manifestarán a lo largo de la relación por lo cual a fin de cuentas es mejor terminar ahora aunque duela (total sólo será por un tiempo). Te dice que eres demasiado para sí y te deja ir porque *"si eres una persona extraordinaria"*,

¿por qué rayos te deja ir? Piensa. Esa persona entiende que merece menos que todo lo que vales tú.

8. No tiene agallas para valorarte porque si eres una persona tan extraordinaria ¿por qué rayos termina? ¿por qué no continúa una relación con una persona tan extraordinaria como ciertamente sabemos que eres tú?

9. Dice que a fin de cuentas eres extraordinaria y te merece el universo, te deja para otra persona, no para sí. Contradictorio por demás.

"No eres tú...soy yo"

Aunque esta frase puede utilizarse sola, muchas veces es la que le sigue a *"eres una persona extraordinaria, harías a cualquier semejante feliz, pero...no eres tú...soy yo..."* Lo hueles. La desilusión, el desánimo, el desamor, de pronto ¡otra vez el final! Nada que en esta vida no se pueda superar. ¿Duele? ¡Claro! Todavía corre y correrá sangre por las venas, esto hace a la persona un ser perfectamente humano. Pero ni es el principio, ni es el fin.

Si eres una persona que en algún momento ha sido nominada para la Alfombra Roja con una o ambas frases ya compartidas, o tus amigos y familiares ocasionalmente te realizan el consabido inventario, recuerda que no estás solo en esto. Son muchos los nominados que pasan por la alfombra roja y no todos reciben el premio, pues en cada categoría hay unos cinco nominados y uno sólo es el seleccionado. Así que si has sido nominada como una persona extraordinaria, se te fue tu pareja y con ella sí, lo sabemos y lo sufrimos, tu ilusión:

1. Llora su partida. No somos clones, somos originales; por ello tenemos sentimientos pues ¡qué se manifiesten!

2. Luego, recobra el aliento y como has sido proclamada como una persona extraordinaria:

3. Deja a un lado esa sensación de vacío existencial, esa lástima de lo que pudo haber sido y no fue, así como todo rastro de melancolía e impotencia. Y cuando hayas recibido la nominación o los seres queridos te hagan la mención de tus logros y virtudes en lo más profundo de tu corazón: <u>créelo</u>, <u>actúa y</u> <u>camina</u> por la alfombra roja como lo que eres y has sido nominada: <u>una persona extraordinaria</u> en la que en ella no está el problema (es la otra persona el problema). Y para reafirmar tu valía jamás lo tomes como una amenaza a tu autoestima sólo recuerda que:

> *"Nadie puede hacerte sentir inferior sin tu consentimiento."*
> *Eleanor Roosevelt*

Después de todo, te ha hecho un favor y ¡celébralo! (luego que lo internalices tú, claro. No te vayas a celebrar para luego sucumbirte en el llanto y la autocompasión así como las mil preguntas sin respuestas.). Sí, celebramos porque no queremos que se nos pegue este tipo de persona insegura de sí, con baja autoestima, confundida y demás. Si yo sé lo que quiero, no puedo estar cobijando a alguien que no sabe o no quiere saber si nuestra relación prosperará o no. Si no valora, porque es una evidencia irrefutable de ello, por qué pegarte, mejor que se te despegue. Claro, aunque lo llores. Alguien dijo *"no hay mal que dure 100 años ni cuerpo que lo resista"*. Reflexiona y procésalo. Además, aún debes tener un banco de amigos, llámalos, únete y circula nuevamente. Es probable que todavía entre tus amistades haya alguien solo con una agenda con espacio en el cual eres bienvenido o sencillamente tal vez ni agenda tiene. Si llamas y tiene compromiso, sigue llamando, de seguro habrá alguien que te puede acomodar en su actividad o alguien solito como tú. No te desanimes. Cuando llames puedes hacerlo buscando un hombro para llorar, pero ¿qué tal si llamas con entusiasmo, motivación y con una alternativa en mente? Si aún así, no consigues a alguien de esos cuya compañía te alegrará aún cuando no hablen del tema, busca a alguien a quien puedas ayudar, motivar o inspirar. Si, así mismo. Definitivamente saber que eres de bendición a otro te ayudará a recuperar tu valía, te producirá satisfacción y te inyectará una sobredosis de energía. Practica antes de llamar para que contagies positivamente a tus contactos. No es ser hipócrita. A fin de cuentas somos sobrevivientes por naturaleza. Si lloras, se te hinchan los ojos y tu primera impresión se afecta. Pero si ríes, tu rostro se iluminará y tu cuerpo y estado anímico responderán positivamente a ello. Y en un momento así, no mereces menos.

Y sobre los que te hacen el inventario, agradécelo. Un recordatorio de lo que ya sabemos (porque reconocemos nuestra valía y nuestros esfuerzos para llegar donde estamos) es saludable para nuestro ego[23] y nutre nuestra autoestima.

---

[23] En el capítulo 26 mencionamos algo más de este tema al compartir sobre las presiones que establece la sociedad.

¿POR QUÉ NI UN PIOJO SE ME PEGA?

Preguntas para meditar:

1. ¿Has pasado por la alfombra roja? _____

2. ¿Has llevado a alguien de la mano por la alfombra roja? ____

3. En alguno de los casos ¿decidiste que ya era tiempo suficiente para llorar? o ¿te dejaste caer en un abismo de penas, lágrimas y lamentos?

   _____

   _____

4. ¿Cómo te has sentido?

   _____

   _____

   _____

   _____

5. ¿Qué es lo próximo en tu vida?

   _____

   _____

   _____

Errores que muchos solteros cometen

Lo mejor que tienen los errores es que son una escuela de aprendizaje. En el caso de los solteros algo tuvimos que aprender de aquellas relaciones que no prosperaron, ya sea que terminaron a través de la alfombra roja o algún medio más sofisticado. Es imperante evaluar esas relaciones antes de entrar a una nueva relación especialmente si quieres que alguien se te pegue. Haz tu inventario. Tú eres tu propia medida.

En mi equipaje de buenos momentos, de caídas y levantadas, de mi trabajo con solteros y de mis vivencias propias como soltera, como divorciada y, como ser humano, he aprendido muchas cosas entre las cuales he identificado y quisiera compartir contigo algunos errores que cometemos (digo cometemos porque no quiero que nadie se sienta aludido y total yo también soy soltera) los solteros. Algunos solamente los mencionaremos y otros abundaremos un poco más. Si has llegado a esta etapa y estás despegado aún en contra de tu propia voluntad, si ni un piojo se te pega y sigues solo, es hora de evaluarse (no autoculparse, llorar y llorar) porque si siempre hemos sido de un modo, si siempre hemos actuado de la misma manera y seguimos solos pues qué tal si es que hoy ameritamos un cambio, un "makeover" conductual. Podemos ver estos errores a fin de no repetirlos, ya que definitivamente nos pueden ayudar tanto como individuo y como pareja. De lo contrario, si no los corregimos, pueden estancarnos tanto como seres humanos individuales como en nuestras relaciones con el sexo opuesto y eso es precisamente lo que no queremos.

Reconocer los errores nos puede llevar a una desintoxicación del pasado relacional y mirar hacia un nuevo horizonte para no repetirlos. Si acaso que sean nuevos, otros, de los mismos ya ha sido suficiente, no hay porqué reciclarlos. Pero con mucho cuidado, cometer los mínimos requeridos para aprendizaje. Además, ya somos expertos así que es mejor si no cometemos alguno. La experiencia relacional tiene que servir de algo. Para anticipar el peligro, para detectar los riesgos, ¿te imaginas? No tienes 18 años; tienes gran parte del camino recorrido ¡Cuántas vivencias! ¡Cuánta riqueza atesorable! Y si a esto sumas el discernimiento. Entonces tienes todo lo necesario para cuando aparece esa persona con la cual comienza esta única dinámica (mutua, lo sabemos). Y nos gusta, nos atrae, y se da la química, español y biología (cuidado con esta última). El teléfono no para de sonar. Los amigos quedaron a un lado. Y la concentración también. El cosquilleo ha comenzado. No hay hambre. ¡Es él! ¡Es ella! ¡Ese es! ¡Esa es! Confirmado. Huele a amor, sabe a amor…está en todas partes. La falta de tiempo era la excusa, pero ahora tu agenda se acomoda al amor recién llegado. Esta vez sí, es real. ¿Real? Precisamente.

Volvamos a la realidad. Como ya tienes una suma de conocimiento junto a un cúmulo de experiencia, cuando todo este cuadro romántico se presente vas a hacer un alto. Sí, un alto y vas a separar el corazón de tu ESCE (equipaje de sabiduría, conocimiento y experiencia). Puedes hacerlo. Entonces, además de mirar como protagonista todo lo que te agrada de la relación, vas a observar como espectador si ha habido señales que has decidido ignorar. Señales, aquello que no toleras en las relaciones, conducta que no es negociable para ti, comportamiento que te disgusta en gran manera, hechos que han dejado su huella. Pero como es el amor y nadie es perfecto lo das por bueno, lo aceptas y un día el amor no será suficiente para seguir en esa relación.

Los indicadores son y fueron evidentes. Ya no estamos para contribuir con nuestras lágrimas al Río de los Lamentos. Que quien venga aporte más risas a nuestra vida que cualquier cosa negativa. Situaciones siempre habrán, pero no entremos con ellas a la relación. La luz amarilla en un semáforo indica precaución, pronto cambiará a roja. Las señales te anticipan peligro, te advierten. Creo en las oportunidades, pero no creo en lanzarnos a ciegas. Pues cuando los indicadores hablan es cuestión de no procrastinar sino actuar.

El círculo de los intentos que no nos lleva a ningún lado debe quedar abierto y se cierra cuando los indicadores confirman que vamos por buen camino. ¿Leíste bien? Cuando nos confirman, no cuando tenemos vendas en los ojos y no queremos ver lo evidente. Cuando todo es confirmado no con lo que dicen los demás, no con un rayo que cayó del cielo. Pues tú tienes discernimiento, tú eres la persona que estás compartiendo, tú eres quien estás ahí, tú ves, no te ciegues. Si te has detenido y has separado la razón del corazón y todo es positivo, entonces y sólo entonces si la otra persona te corresponde, dale la bienvenida al amor. Mientras, coteja esta lista de errores.

Errores a no cometer nunca jamás

1. Consumismo—Gasta hoy pensando en el hoy, paga mañana y no ahorra. ¿Eres tú uno de éstos? Este es un aspecto sumamente importante especialmente si has pasado los treinta y pico. Tal vez tus metas son trabajar durante toda tu vida. ¡Fantástico! pues siempre habrá un cheque para pagar las obligaciones económicas. Pero ¿qué tal si a mitad del camino cambias de planes y quieres retirarte y tu salario está comprometido con deudas? No podrás retirarte cuando deseas y tendrás que esperar. Esto

es cuestión de cambio de planes. También, pueden surgir imprevistos. Alerta con la administración de tu dinero.

2. Programación—Muchas veces estamos programados. Desprográmate. Cuando echamos un vistazo a lo que somos hoy, nos damos cuenta que muchas de nuestras acciones han sido programadas, tal vez mecánicas o automatizadas. Es como la relación causa y efecto. Te das un golpe y de inmediato: *"¡Ay!"*. Una persona nos cuenta un relato y pensamos que sabemos el final de la historia de acuerdo a nuestra experiencia y tal vez es totalmente diferente a lo que pensábamos. Así también si nos miran de alguna manera particular, interpretamos y a veces estamos tan lejos de la realidad de lo que pasó siquiera por la mente de esa persona. Tomamos en cuenta a nosotros como receptores, en lugar de detenernos a pensar que tal vez esa persona está pensando en alguna otra cosa, tiene algún problema en su mente o sencillamente nada está ocurriendo en su mente, pero ahí estás interpretando.

Hace poco al saludarme Margrete me dio varias palmaditas en la espalda. Era algo más que palmaditas. Me viré y al saludarla le dije: *"Tienes dos horas para sacar tus manos de ahí."* Esa frase yo la copié (aunque duplicada en tiempo, de Jorge Marrero) como expresión de que me gusta lo que está haciendo cuando alguien querido me abraza. Poco tiempo después Margrete me confesaba cuánto le disgustó mi expresión; pensó: *"¡Esta Ali!"* Se sintió casi ofendida en el primer instante. Pero rápidamente razonó: *"Pero si lo que Ali me dijo fue positivo…"* ¿Qué pasó? Que nuestra mente está condicionada a que una frase muy similar se use negativamente. *"Tienes dos minutos para hacer esto."* Es una oración que se utiliza para dar un ultimátum generalmente de mala gana y negativamente. Debido a nuestra programación, Margrete no escuchó las palabras, ella escuchó el ultimátum ante una expresión de cariño. Así somos. No sólo Margrete, tú y yo con toda probabilidad en algún momento hemos oído sin escuchar. Y lo que es peor, nos hemos molestado sin razón. Y peor aún, la otra persona ni se enteró. Todo ocasionado por una programación mental negativa. Desprográmate de ello.

3. Mala administración del tiempo—Como soltero se supone que tenemos tiempo para hacer más cosas que los demás porque estamos solos, pero no lo administramos bien. No sacamos tiempo de calidad para compartir y disfrutar con los nuestros, leer, ejercitarnos, orar y que nos sobre tiempo para estar a nuestro ritmo. De pronto nos encontramos con que el tiempo (irrecuperable por demás) ya pasó y no hicimos todo lo que pudimos haber hecho. Aclaremos: cada día tiene 24 horas. Si algunos pueden cumplir sus compromisos (laborales, familiares, personales y otros), a ti también debe darte tiempo es cuestión de aprender a administrarlo, incluyendo decir **no** cuando responder en la afirmativa te dejaría sin tiempo para lo indispensable y aumentaría el estrés.

4. Invierte sus prioridades y esto regularmente pasa cuando éstas no están bien definidas. Ya es tiempo de definir nuestras prioridades. ¿Qué quieres hacer en la vida? ¿Qué quieres hacer el mes entrante? ¿Cuántas cosas? ¿En cuánto tiempo? ¿En qué orden? ¿Qué es lo más importante?

5. Vive totalmente desenfocado—Se lanza a la vida por ¡ujum! Hace las cosas porque todo el mundo las hace, porque no hay nada más que hacer, actúa sin pensar mucho y se deja llevar. ¿Qué tal si te enfocas en aquello hacia lo que te quieres encaminar, hacia la meta que deseas llegar?

6. Su vida es una improvisación—Hace las cosas improvisando cada día, no ha hecho una agenda de vida, no tiene metas ni planifica. Improvisa porque no está enfocado. Cualquier momento es bueno para llevar una agenda, un itinerario diario, semanal, mensual tanto laboral como personal.

7. Algunos se descuidan a sí mismos—Comen de todo, todo el tiempo. No hacen ejercicios, no acuden al médico, dejan de soñar. ¿Cuándo fue la última vez que fuiste al médico...que hiciste ejercicios..? ¿Tienes algún sueño en "hold"?

8. Interpreta erradamente las acciones de los demás. Aunque esto lo hace mucha gente independiente de su status civil, muchos hemos errado en ello. *Fulano dijo esto por mí. No me miró.* ¿Sabes? A nuestra edad, la mayoría utilizamos espejuelos o tal vez no los utilizamos, pero los necesitamos. Cuando éste es el caso, podemos ver a cierta distancia a una persona pero no identificarla. Otra cosa es pensar que todo lo que se dice es por ti. Mi compañera de trabajo y amiga Lydia Navarro tiene una aplicación a esto: *Si no dicen mi nombre con apellido, no es conmigo ni de mí.* Si te sientes aludido, chequéate, pero déjame traerte a la realidad: el mundo no gira alrededor tuyo (ni mío tampoco). *Estoy enferma, nadie me ha llamado.* Pero resulta que nadie sabe que lo estás si te escondes y no te comunicas. Y así cometemos el error de presumir muchas cosas más. Para beneficio de todas nuestras relaciones, podríamos considerar eliminar de nuestro vocablo la palabra presumir en cuanto a su definición de interpretar las acciones de otro, nos evitaremos dolores de cabeza.

9. Algunos que tienen hijos son primero mujer y hombre que padres. Yo creo en la escritura *"dejará el hombre a su*

familia y se unirá...". También creo que es básicamente para cuando el núcleo familiar está por comenzar y luego cuando está compuesto en su forma original; o sea, el matrimonio con sus propios hijos. Entiendo que sí, que el hombre y la mujer en el matrimonio son eso mismo y deben serlo el uno para el otro: hombre y mujer. Sabemos también que los hijos un día se irán, harán sus vidas, se casarán y ya no estarán más viviendo con nosotros. Sin embargo, creo que en el caso de padres divorciados, especialmente aquellos que estamos criando, es muy importante y determinante la evaluación de las posibles parejas que vendrán a ser de madrastra o padrastro de los hijos. La palabra no nos gusta pero es la correcta. Y es importante reconocer claramente el lugar que ocupa cada cual. Hay que tener cuidado cuando de pronto padres solteros (hombre o mujer) quieren volver a estar en circulación, promoviéndose y dejan a los hijos al cuidado de cualquiera para poder asistir a cuanta actividad hay anteponiendo su vida social a sus hijos. No es que no tengas vida social. La necesitamos todos. La alternativa es hacer un balance. No es que no te vuelvas a enamorar, se trata de que no puedes descuidar ese regalo (tus hijos) con los que Dios te bendijo.

10. No hace un balance, en caso de padres solteros. Uno de los errores en que caen muchos divorciados con hijos es que cuando se quedan criando solos no hacen un balance en su vida y se dedican sólo a ellos sin hacer vida social. Claro, entiendo que este error es más loable que el anterior. Si bien es cierto que es admirable la entrega paternal, para el padre divorciado resulta en laceración no hacer vida social. Puede pensar que al dedicar tiempo solamente a las actividades de su hijo también hace vida social. En este caso lo que hace es compartir con otros padres lo cual también es bueno porque hay que conocer la familia de los

amigos de los hijos. Pero el padre divorciado necesita tiempo social para sí. Tiempo que lo distraiga de su rutina y de la prisa loca de vivir. Tiempo que lo relaje. No debe sentirse culpable por tomar un tiempito para sí. Claro, cuando lo hace tiene que haber hecho una buena selección del lugar y la persona que cuidará a su hijo. Los matrimonios tienen que sacar tiempo para sí. También, los padres solteros con hijos necesitan tiempo a solas con su hijo, tiempo fuera de la rutina diaria, tiempo fuera de actividades sociales; es valioso. Pero tan valioso y necesario es que el divorciado con hijos saque tiempo ya sea para estar a solas consigo mismo o para compartir con otros adultos solteros.

11. En cuanto a los solteros varones—Muchas veces gran cantidad de solteros varones se amedrentan, se intimidan, ven su hombría amenazada, se atemorizan ante las mujeres que tienen mayores retos profesionales, mejor preparación académica o mejor salario que ellos. Y en un gran número de casos, no puede lidiar con esta situación. Claro, esto no ocurre cuando el hombre goza de madurez emocional. (En los capítulos 15 y 18 hablamos un poco más sobre este tema.) Cualquier momento es bueno para estudiar y tener un grado académico.

12. Se privan de amistades con el sexo opuesto. A través de todo el libro hablamos de la amistad porque para todos las amistades son importantes, ¡cuánto más para la gente que está sin pareja!

13. Van de relación en relación porque no se dan tiempo para la amistad, se saltan u obvian etapas en las relaciones para al final lamentarse y darse cuenta de que no funcionó. Que te quede claro que no estoy en contra de que compartas con el sexo opuesto, la única manera de conocer

a la gente es compartiendo con ella. Lo importante es lo que hacemos mientras nos conocemos y cómo se conducen esas relaciones.

14. Sabotea sus valores, principios, creencias y hasta sus sueños—Me refiero a lo bien definida que has tenido tu vida. *"Las cosas las quiero así...deben ser así...creo en el Señor Jesucristo y lo que ordena en su Palabra...no permitiría esto en una relación...esto está guardado para el matrimonio..., tengo claro mis planes, estos son mis sueños..."* De pronto conoces a alguien del sexo opuesto y comienzas a ceder en todo aquello en lo cual totalmente convencido siempre has creído.   Te desvalorizas.   Una cosa es ser flexible y abrirse a nuevos horizontes si el hacerlo es para mejorar como ser humano. Pero sabotear tus principios te lleva a tu desmoralización interior y, aunque puedes recuperarte, te cuesta. Lo peor de todo es que te das cuenta cuando descubres que la relación no tiene avances y entonces quedas triplemente afectado: por haberte fallado a ti mismo, por haberle fallado a nuestro Señor y por lo afectado que uno queda luego que una relación se rompe. Si te has saboteado, la gracia de Dios no tiene límites porque está basada en Su amor y hoy puede ser un buen día para reconectarte con El y contigo.

15. Comete los mismos errores que siempre ha cometido—Uno de los errores que cometen algunos solteros es éste precisamente, repetir los errores, y uno de éstos es que sigue escogiendo como pareja el mismo tipo de persona que no se compromete o que ya está comprometido en otra relación, que maltrata, que bebe o que tiene las mismas adicciones que han tenido sus parejas anteriores. Entonces ya es momento de chequearnos ¿estaré dando las señales equivocadas?

¿POR QUÉ NI UN PIOJO SE ME PEGA?

Hay que atender esta lista de errores que se repiten una y otra vez aplicables a las relaciones tanto de pareja como con los demás seres humanos y aplicables al amor propio. Siempre he creído que una de las mayores riquezas son las relaciones, la amistad, la familia, lo que realmente te nutre.

Es como esta única relación que he tenido por mucho tiempo. Me confieso. Con sus altas y bajas, con momentos de separación y reencuentro. De pronto descubrí que sí, hemos nacido el uno para el otro. Aún así hemos tenido momentos de separación, no precisamente voluntario. Se han interpuesto entre nosotros y la separación es lo imperante. Entonces se torna en un proceso desesperante. Cuando volvemos entonces es más unido que antes, algo así como una adicción desenfrenada y, como tal, incontrolable. Es cuestión de recuperar el tiempo perdido, actuando hacia lo retroactivo. ¡Al fin juntos otra vez! Sí, sé que tenemos dominio propio. Nos ha sido dado. Pero confieso que no siempre lo he hecho valer especialmente en esta relación. Y sí, sé que otro es el más que me conviene. Pero es éste a quien quiero. Con el otro el resultado sería más conveniente, una relación más perfecta si de adicciones es que se trata. Y aquí estamos concientes de la realidad de que sí, hemos nacido el uno para el otro. Aunque tal vez no estés de acuerdo con lo que te he confesado, mi realidad es que estamos unidos para toda la vida. No sé si me entiendes aunque creo que si estás solo, algo de esto tienes que haber vivido. Pues bien, me refiero al chocolate y yo. Con un susto en mi azúcar, tuve que dejarlo y sustituirlo por unos chocolates sin azúcar. Me "libertaron" pues había sido un mal diagnóstico y di rienda suelta a mi paladar. Era como si tuviera que acabar con todo el chocolate del universo, comerme todo el que no me habían dejado comer. El que me gusta es el "milk chocolate" que tiene azucares, sodio y demás. Luego, me imponen otra dieta en la cual tampoco puedo comer chocolate, nos vuelven a separar. Pero si el deseo es muy fuerte, me permiten el "dark" que no es mi preferido pues tiene un sabor amargo que no me encanta, pero ¡claro! mientras dure la dieta, me conformo con el "dark". Es el que conviene a mi salud por la dieta en este período y por su pureza misma conviene siempre. Así que suplí mi alacena, meriienditas para mi cartera y también en la nevera. Y ya me está gustando. Así somos el chocolate y yo en casi todas sus variantes.

Esto aplica no sólo a aquellas relaciones con personas que aunque nos hemos ligado sentimentalmente no nos convienen sino también a aquellas relaciones que son dañinas, aquellas en las que entras en círculos viciosos y que es hora de terminar aún cuando requiera un tiempo de sanidad hasta volver a la normalidad. Esto es aplicable a nuestra salud cuando ya es hora de eliminar la ingestión de algunos alimentos y continuamos ingiriéndolos. Aplicable a decir "basta ya" siempre que sea necesario.

16. Deja su agenda para estar disponible para el otro. Deja su individualidad para someterse totalmente al otro. Y es aquí donde mueren la individualidad y los sueños. Habrá momentos en que es válido que canceles para estar con el otro. Pero si lo haces siempre y la relación no prospera, te quedarás solo sin esa persona y sin tus contactos. Con bastante probabilidad muchas veces algo que le gustó a la otra persona de ti es precisamente tu individualidad, no la pierdas.

17. Camina hacia lugares equivocados buscando alternativas de parejas y creyendo que puede traer a inconversos a los pies de Cristo porque hay romanticismo. La ley de probabilidades es que caigas en el mundo antes

de que traigas a una persona al Señor. No juegues con fuego.

18. Busca la perfección. Si algo nos hace perfectos a los seres humanos, es precisamente nuestra imperfección. Todos sabemos que no hay un ser existencial perfecto. Si buscas la perfección desde el punto de vista de que lo que es perfecto para ti no necesariamente es perfecto para el otro con una buena dosis de flexibilidad, ¡bien! Pero si es desde el punto de vista de una marcada intransigencia sobre lo que piensas (excluye los principios) y todo tiene que ser a tu manera, creo que te quedarás un buen ratito más sin pegarte. Pues nadie es perfecto en esta tierra. Se supone que con el "package" de los años, cuentas con más experiencia, sabiduría, tus prioridades cambian y aquello a lo que le dabas importancia de pronto descubres que no es tan importante. Más aún, disfrutas de los pequeños detalles y te gozas relativamente con muy poco. Si quieres que siquiera un piojo se te pegue, pues hay que reconocer que no eres perfecto como tampoco debes demandarlo en los demás.

19. No investiga sobre esa persona con la que está compartiendo. No es que tomes un curso que te lleve a formar parte del FBI, pero ocurre que conoces a una persona porque te lo presenta una gran amiga o un gran amigo. Ese gran amigo o amiga es una compañera de trabajo o tal vez es familia de alguien que conoces y te brinda buenas referencias de esa otra persona soltera. Entonces la persona se lanza casi a ciegas a esa relación confiada en las "recomendaciones" recibidas. Pero quien te lo presentó lo conoce de una forma, no de la vida de pareja. Entonces resulta que, luego de haberte involucrado, cuando le conoces resulta diferente a aquella persona de quien te habían hablado. También esto ocurre dentro de la iglesia.

Se da por sentado que esa persona soltera es santa y no se investiga porqué esa persona está sola. ¿Recién divorciada, viuda? ¿Restaurándose de algún episodio negativo en su vida? Y se lanzan porque sí. Mucha gente que está en una iglesia está plenamente convencido de un Señor real que rige su vida de acuerdo a Su Palabra, la Santa Biblia, pues son creyentes en espíritu y verdad. Otros entran buscando sanar algún episodio de su vida. Hay quienes buscan llenar el vacío de su corazón. Algunos no sabemos por qué o por otras tantas razones. Ninguna de esas razones son malas, son totalmente válidas y ¡qué bueno que están allí! El denominador común es que todos tienen la certeza de que Dios es real y que la iglesia le da aquello (paz, confianza, serenidad, fe, amor, apoyo) que en ningún otro lado encontrará. Una persona que tiene a Dios en su corazón algo lindo tiene que tener dentro de sí. Y una persona que solamente cree en Jesucristo también debe ser maravillosa. Pero las personas que están en proceso de sanidad interior (y otras situaciones particulares) por mejor ser humano que puedan ser necesitan su espacio y tiempo para que esa sanidad se manifieste. En un proceso de sanidad es contraproducente comenzar relaciones aún cuando la propia persona quiera lanzarse a ello. Hay que sanar y es un proceso individual en el sentido de que tú tienes que hacerlo por ti mismo, nadie lo hará por ti. A unos le toma un tiempo, a otros le toma más. En el proceso de corazones heridos es un requisito darse espacio para sanar, para entonces prepararse para relacionarse. No es malo, a fin de cuentas ¿quién no ha pasado por ello? Aún cuando no hayas llegado a la iglesia en busca de esa sanidad, en muchas ocasiones feligreses que están felices dentro de su iglesia de pronto: un corazón roto. Esa persona también tiene que sanar. Recuerda, no sólo se sana de un corazón roto, hay otras situaciones y la que sea merece un tiempo de restauración. Pero si no se investiga, no sólo en ese aspecto sino en otros, te llevas esas situaciones a una relación para luego encontrar que no funciona. No porque no sean dos seres maravillosos, sino porque hay áreas que arreglar y éstas no se arreglarán con dos desconocidos o dos "enfermos" de frente; el proceso es individual. Entonces si no se sana antes de entrar en una relación, serán dos los afectados.

Recientemente, tuve un episodio de tos. En la farmacia me detuve frente a un anaquel de pastillas para chupar. Tenía mucha tos así que me llevé una bolsita de pastillas, esas que te refrescan hasta el alma con su mentol a la vez que te alivian. Cada vez que tenía un episodio de tos me chupaba una. La tos seguía y yo pacientemente continuaba mis quehaceres y de vez en cuando chupaba otra pastillita. Varios días después entre varios artículos para leer, tomé la bolsita de las pastillas. Estas tenían un agradable sabor, pero lejos estaba lo de refrescarme y aliviarme. Pues ¿sabes qué pasó? Lo que compré fue 60 gramos de vitamina C. Y ¿qué tiene esto que ver con conocer a alguien? Bueno primero me dio gracia y trajo a mi memoria esto de los solteros. Aunque estaba en el anaquel correspondiente, tomé el paquetito incorrecto pues no leí. Así estamos, nos dejamos llevar por la apariencia, por el mero hecho de que la persona asiste a la Iglesia o porque es amigo de nuestros amigos y nos dejamos ir. Me chupaba una pastillita y otra, pero no obtenía los resultados deseados. Compartimos con esa persona que no hemos conocido y tampoco se obtiene lo deseado, no hay avances y cuando verdaderamente conoces a esa persona no es quien creías porque tú no te diste la oportunidad de conocer primero. ¿Sabes de qué estamos hablando?

Si existe un proceso que debemos tomar con cautela, no con ligereza ni desesperanza, es éste, la selección de pareja.

Si hemos llegado hasta aquí, ¿qué importa esperar un poco más? ¿Cuál es la prisa? Después de todo recuerda que *"Todo tiene su tiempo, y todo lo que se quiere debajo del cielo tiene su hora."*[24]

20. Piensa que ha perdido su tiempo porque murió una relación en la cual tenía esperanzas. Perdió su tiempo cuando:

    a. Se niega oportunidades (valiosas ¡eh!) y no se arriesga porque tiene miedo. El miedo nos inmoviliza, nos resta confianza y no produce los resultados deseados.

    b. No creció. Toda experiencia por negativa que sea, además del dolor que nos provocó, tiene que habernos permitido crecer.

    c. No aprendió algo de la relación.

Siempre es bueno recordar que no se debe estar pegado a una pareja por el mero hecho de no estar solo, esto sí que sería una pérdida de tiempo que trae consigo:

- que si está con la persona equivocada alejará a la persona idónea,
- que se quema innecesariamente y
- que se priva de conocer a otros.

No perdió su tiempo:

    a. Porque todo en la vida es a base de riesgo.

---

[24] Eclesiastés 3:1.

¿POR QUÉ NI UN PIOJO SE ME PEGA?

♪ *Después que uno vive 20 desengaños qué importa uno más* ♪[25]

b. Cuando se dio la oportunidad, lo cual quiere decir que ¡está vivo, está viva! Cree y lo más importante,

c. Identifica qué cosas aprendió y cuánto creció.

Preguntas:

1. ¿Cuántos errores identificaste como propios? _____
   _____
   _____

2. ¿Hay algo que piensas corregir? _____
   _____
   _____
   _____

3. ¿Algún plan de acción? _____
   _____
   _____

---

[25] Canción *La vida es un sueño* del compositor cubano Arsenio Rodríguez.

Errores en una primera cita

Además de los errores generales que cometen algunos solteros, existen otros que comienzan en la primera cita:

1. Hablar de las relaciones pasadas. Tanto al hombre como a la mujer le disgusta en gran manera que esa persona con la que está compartiendo le hable de relaciones pasadas. En las primeras citas, no es permisible saturar (bueno, ni después tampoco) a la otra persona hablándole todo el tiempo de las ex parejas. Inadmisible.

2. Ir con los hijos a una primera cita, ni a la segunda, ni a la tercera. Es como imponerle tus hijos a la otra persona. Además, tu atención estará dividida. La relación requiere tiempo para cimentarse y tiempo de calidad. Tampoco es recomendable que estés presentando a una posible pareja a todos tus amigos y tu familia (más adelante sí, pero no en este momento). Los hijos rápido forjan esperanzas. Sus comentarios sinceros, espontáneos y sin malicia pueden ocasionar tanto risa, comodidad como incomodidad a esa persona nueva que estás conociendo y, por supuesto, a ti también. No se puede regañar a los niños por ello porque es un proceso muy natural así como también es importante que ellos expresen libremente su sentir. Si los cohíbes, luego no puedes quejarte si no te confían sus sentimientos. Pero para ello no es bueno que conozcan a todas las personas con las que te relacionas en intentos más allá de la amistad. Precipitarse a una exposición social suele ocasionar presiones para ambos.

3. Hablar continuamente por el celular es una queja muy escuchada. Causa gran malestar que la persona con la que estás saliendo conteste múltiples llamadas en el celular mientras está contigo. Aunque no sea una pareja, es

sumamente de mal gusto que estés compartiendo con amistades y estar "pegado" al teléfono. Este comportamiento no corresponde a las reglas elementales de etiqueta.

4. Hablar y no escuchar—Muchos solteros hablan, hablan, hablan y hablan y, para colmo, escuchan muy poco si es que escuchan.

Algunos tal parece que piensan que están llenando los blancos para un examen, pues continuamente tratan de terminar la oración de la persona que le habla, sin permitirle expresarse con libertad. Por otra parte, es curioso cómo puedes estar hablando con una persona y que tu interlocutor demuestre poca sensibilidad ante tu situación. Y lo que parece insensibilidad no es otra cosa sino que NO escucha. Quizás has sido parte de algunos de estos saludos rutinarios:

> Ángel: -¿Cómo estás?
> Aurora: -Bien gracias y tú.
> Ángel: -Bien también, ya obtuve un Grado en
> …(cosas positivas)
> Aurora: -Mi hijo está en natación… (No muestra interés en el logro de Ángel y dirige la atención hacia sí misma.)

¿Has sido parte de este saludo?

> Ángel: -¿Cómo estás?
> Aurora: -Bien gracias y tú.
> Ángel: -Bien y tú.
> Se crea un círculo que parece no salir de él, respuestas rutinarias a preguntas rutinarias.

Y ¿éste?
Ángel: -¿Cómo estás?
Aurora: -Bien gracias y tú.
Ángel: -Pues estuve en el hospital....
Aurora: -¡Ah! ¡Qué bueno! (¿Se alegró de que estuviera en el hospital? Probablemente no se alegró, pero como no escucha, responde equívocamente.)

Hay personas tan programadas a las respuestas a recibir que no escucha. Y es sumamente triste, especialmente cuando es entre solteros que intentan hacer nuevas amistades y lanzarse al amor.

Todos estamos necesitados, la necesidad de afecto es de todos. Otra cosa es estar desesperados. Cuando tienes una necesidad también hay que prestar atención a la necesidad de los demás. Pero te envuelves tanto en tus problemas, en tu situación que olvidas que cada quien tiene el suyo porque crees que el tuyo es mayor que el universo mismo. El mensaje implícito es: *"El único problema que existe es el mío en la existencia del día de hoy"* y lo que haces es deshumanizarte, egocentrarte, a la vez que alejas de ti a los demás; y no es eso lo que quieres. Si es que vas a hacer un monólogo, pues bien, eso es un monólogo. Pero cuando fomentas relaciones hay que tener en cuenta que es un proceso de dar y recibir. En la conversación es igual, das y recibes información. Escuchas de la mismísima manera que deseas ser escuchado; con atención, respeto, interés, empatía y amor. Muchas veces ni requiere una respuesta, simplemente oídos y atención. Los mismos que en algún momento tú demandarás o ya has demandado. Unas veces más que otras serás escuchado, pero tienes que tener el mismo grado de disponibilidad cuando la otra parte es la que necesita tus oídos, entonces serás tú quien debes escuchar. Gran parte del éxito en las relaciones humanas, me atrevo a decir se basa en el arte de escuchar. Y digo arte porque como las artes no todos cuentan con este don. Pero más allá de las artes, es algo que puedes desarrollar si quieres ser amigo y, sobre todo, tener amigos así como relaciones afectivas, escuchar debe estar en la lista de tus virtudes.

5. Dar la relación por sentada e ir a toda prisa. Si hay una etapa hermosa en las relaciones de pareja, es la etapa inicial; disfrútala, ve paso a paso. Es el comienzo y algunas veces el final. Pero aunque así fuera es bueno porque demuestras que tienes y das oportunidades. Cuida con atención, las primeras citas. Lo cierto es que no conoces del todo a la persona que tienes de frente. Se sabe que la atracción entre ambos existe, pero no conoces mucho más en la gran mayoría de los casos. Y aún cuando la relación comienza paso a paso, muchas relaciones mueren al nacer, quizás sin saber porqué. Brincar etapas, olvidar lo que es dominio propio y, con toda probabilidad, lo que tú has "prediseñado en tu mente" de cómo quieres conducirte y que se comporten contigo es lanzar la relación por la borda. Sé tú, disfruta cada momento sin excesos.

¿Otra vez?

1. Repitiendo pegarme a la misma clase de persona - ¿Por qué siempre escoges el mismo tipo de persona? Pero el mismo tipo de persona que precisamente no quieres para ti. No estamos hablando del físico. Muchas veces todo se remonta a la crianza. Cuando una persona es criada de una forma, tiende a amar y a repetir esa forma de crianza o a aborrecerlo; también lo puede asimilar de quienes fueron sus modelos. Y esos modelos tienen conductas que muchas veces se adhieren tanto que se hace parte de la persona o,

por el contrario, se aborrecen y la persona se comporta de modo contrario. Pero puede escoger.

Además de lo compartido, sería bueno preguntar ¿A qué nivel está tu autoestima? Muchas personas dicen a viva voz que su autoestima es saludable. Sin embargo, siguen escogiendo como pareja el mismo tipo de persona que no le ayuda a bien pues:

1. te critica y denigra
2. es dada a la bebida (u otro vicio)
3. no comparte tu ritmo de vida
4. es pesimista
5. no tiene metas, ni sueños
6. es vaga
7. no es colaboradora en el hogar
8. no provee para el hogar
9. necesita continuamente de tu motivación, dependiente emocional
10. débil espiritualmente
11. emocionalmente está enferma y no se cuida
12. no se alegra de tus logros
13. es controladora
14. es posesiva
15. es desmotivadora
16. te desvalora
17. no es sociable (si esto es importante para ti)

Coteja las tablas del segundo capítulo ¿coinciden tus ex parejas en las cualidades positivas o en las negativas? Si coinciden en las positivas, parece ser que estás bien enfocado. Si coincides en las negativas, también parece ser que estás enfocado pero no precisamente "bien". Sería recomendable también contestar lo siguiente:

¿Qué fue lo primero que te atrajo en cada experiencia pasada?

_____

_____

¿Qué tenían en común? _____

_____

¿De qué adolecen (si algo)? _____

_____

_____

¿Quieres esto en una futura y permanente relación? ___

<u>Identifica</u>:
¿Qué pasa que todos coinciden en alguna descripción que tú no quieres que tenga ese ser con quien te unirás?

_____

_____

¿De toda esa descripción qué quieres seguir atrayendo en las personas?

_____

_____

_____

¿Cómo no repetir escoger aquello que yo no quiero? En primer lugar, no te lances a compartir cuando todavía estés cargando con heridas y sentimientos pasados. Estás vulnerable y puedes entrar en confusión con cualquiera que se acerque aunque no sea precisamente el equivalente a tus listas (no por las listas, sino por lo que es compatible para ti). Antes de volver a la circulación, debes definir qué quieres de una relación. Escribe las cualidades que deseas en quien podría ser tu pareja así como lo que no es aceptable para ti. Una vez hecho esto, fuera de indicios de sentimientos porque no hay nadie aún en el panorama, tienes una guía a revisar cuando alguien se acerque. Parece algo mecánico y frío, pero si te estás preguntando ¿por qué sigues atrayendo al mismo tipo de persona que no es compatible contigo? debe ser porque has repetido el mismo patrón que no quieres y sí es así, pues revisar tu guía te ayudará en gran manera.

2. Que esto no me volverá a suceder - Aunque parece igual a la anterior no lo es. Me refiero a cuando cometes los mismos errores que en relaciones pasadas:

   a. tomas las cosas muy aprisa,
   b. te das antes de recibir, entregas tu corazón cuando aún no sabes si la otra persona hará lo mismo o hacia dónde va la relación,
   c. cambias tus prioridades,
   d. sacrificas tu identidad para complacer a la otra persona.

En cuanto a este último, siempre se harán ajustes, siempre se quiere complacer al ser amado. Es totalmente válido. El problema surge cuando dejas de ser la esencia de lo que eres tú, cuando sacrificas tus valores, principios, identidad para rendirte al ser amado. Es hora de pensar en ti.

¡Ay...qué se me despega!

Ya identificaste errores, esos aspectos en los que hay que trabajar. Y ¿qué de aquellas personas que huyen de una relación porque de alguna manera no pueden lidiar con alguna circunstancia en la vida de esa otra persona con la que están compartiendo? ¿Sabes qué? A nuestra edad cada quien trae su equipaje. No estamos tratando con jóvenes de 18-25 años que muchas veces también tienen su equipaje. Hay que ver si ese equipaje fue procesado cuando de heridas y errores se trata; en otros casos, si son de bendición permanente como son los hijos y como lo es la familia. Pero si ese fue tu caso, míralo de esta forma: tal vez no es el momento para que alguien se te pegue. ¿Sabes qué? ¡Es mejor que el despegue sea ahora que después! ¡Qué bueno que todo se disolvió ahora y no en el matrimonio! Si uno llora en un noviazgo roto, te aseguro que, en la gran mayoría de los casos, el llanto es mayor en el divorcio.

Por eso yo me reafirmo en que no importa si tienes 20 años como 50 no creo en un término de menos de un año para un noviazgo. ¿Por qué? Porque el tiempo compartido es de valor incalculable, es necesario para conocerse. Muchas veces mucho mejor si se dan conversaciones telefónicas. Sí, como los muchachos más jóvenes. ¿Por qué? Porque muchas veces se desarrolla mejor una conversación a través del teléfono quizás por la misma informalidad del momento. Hay personas que cuando acuden a una cita se tornan algo nerviosas y son más tímidas, quizás también por la formalidad que trae consigo este tipo de invitación. Sin embargo, a través del teléfono le da la gran oportunidad de ser ella y ser auténtica sin el estrés y el cosquilleo que origina una salida. Además, para muchos, especialmente para muchos adultos, esto sería una protección (sí, digámoslo así) contra la tentación. Si, ¡claro! estamos hablando entre adultos, ¡precisamente!

Pero volviendo al tema del despegue, cuando por alguna razón tu posible pareja no está dispuesta a cargar con alguna situación de tu vida ¿no has pensado que en algún lugar habrá un ser único, merecedor de tu amor que está deseando cargar contigo con todo tu "package"? No estamos hablando de falta de sanidad interior, con ese "package" no debemos ir a una relación, ya hablamos de ello. Me refiero al cuidado de uno de tus padres, algún familiar o alguna otra situación similar que esté en tus manos, que sea tu compromiso. ¿Te has visualizado con un ser que no le importará, será tu complemento y, a pesar de ello, serán felices para siempre? Igualmente te aceptará tal cual eres. No importa si estás como el hueso pa' la sopa, o si eres todo grasa, si tienes escuela superior o si tienes doctorado, si eres jincho o papujo. No te mandará a rebajar, ni ponerte extensiones en el cabello, ni a recortar ¿Sabes por qué? Porque te ama tal cual eres. Hay alguien para ti. Sólo hay que esperar a que se manifieste en Su tiempo. Yo lo creo así y ¿tú?

Preguntas:

1. ¿Te has sentido rechazado por alguna posible pareja por alguna situación o condición la cual esa otra persona no podía aceptar o que le era impedimento para seguir adelante como pareja?

   _____

   _____

2. ¿Sanaste esa etapa? _____

3. ¿Te diste cuenta que, aunque maravilloso, ese ser no sería tu complemento?

_____

_____

_____

_____

_____

_____

Cuarta parte:

Éxito

"Dos grandes lumbreras El Creó
Para el día el sol, para la noche la luna
Para dar luz.

Así eres tú...

Y aunque en días creas que
lejos estás de iluminar
Lo que bajó fue la intensidad,
pues nunca, nunca dejarás de brillar."
Ali Velázquez Rivera

¿Quién es superior?

En la actualidad vemos que las mujeres alcanzan más grados académicos y, por ende, más logros profesionales que los hombres. ¿Qué sucede? Que esto nos afecta. ¿Cómo? Venimos de una sociedad machista que, aunque algo ya hemos avanzado, aún nos quedan sus resabios. Entonces mujeres que están preparadas académicamente se casan con hombres de oficio, lo cual no es malo. Entiéndame. NO es malo. Es legal, es admisible y, además, todos somos iguales. A la mujer no le importa, por eso se casa. A la mujer no le importa si gana más, si tiene más estudios, si ha avanzado más profesionalmente. A medida que la relación avanza tampoco le importa. Pero el hombre, no. El hombre se casa con una mujer más aventajada en profesión, en las finanzas y en los estudios y **luego** se siente menos, su autoestima baja, se siente en desventaja, se siente amenazado. Esto afecta su trato hacia su pareja y afecta tanto la relación que muchas veces llega al divorcio.

Toda regla tiene su excepción y hay hombres que esto no le afecta en absoluto y continúan admirando a su pareja como ella también a él. Pero lo que está ocurriendo, lo que los estudios reflejan y lo que vemos en el diario vivir es que cuando en un matrimonio la mujer académicamente ha logrado más que el hombre esto es ya un presagio de un problema más en la relación. No por causa de la mujer sino porque el hombre se siente menos, se siente intimidado con un sentido de inferioridad que ataca su autoestima y su relación de pareja. Así que hombres ¡a estudiar! Si este era uno de tus sueños pospuestos o inalcanzables, quizás una vez concluida esta lectura sea un buen momento para comenzar a dirigirte al lugar indicado.

De hecho, esto de los estudios de los hombres aplica no sólo en relaciones de pareja. Si en la actualidad tú tienes un negocio estás bien donde estás, no hay problemas por el momento. Pero si en quince años surge otro sueño, quieres algo más, un escalón profesional más alto y no estudiaste, vas a entrar a competir con aquellos recién graduados que no sólo tienen la preparación académica sino que tienen juventud aunque no tengan la experiencia. Así que si esto es algo que tenías en agenda, despierta y tómalo como confirmación.

Una vez se reconozca que el hombre y la mujer son diferentes hay que recordarlo continuamente especialmente cuando te relacionas con el sexo opuesto. Así fue que simultáneamente revisaba mi borrador, me encontré este escrito del Dr. Ángel Cintrón Opio que quise compartir contigo. Aunque no habla de las diferencias marcadas entre los sexos, su contenido nos ilustra aspectos de los entes masculinos que le sirve a dicho lector de reconocimiento y a las féminas, de valiosa información.

"Desafíos del hombre de hoy[26]

Nunca ha sido fácil ser hombre, mucho menos hoy cuando enfrenta el reto de compartir sus escenarios de acción con mujeres que son tan competentes como él, tan bien preparadas académicamente y tan reacias a asumir roles pasivos y sumisos en la convivencia con el macho de nuestra especie.

De entrada deseo establecer que ser hombre es una ciencia y un arte que se aprende de los modelos que le circundan a lo largo de las etapas de su desarrollo.

---

[26] Gran parte de artículo publicado en el periódico El Nuevo Día, lunes, 14 de julio de 2008, compartido aquí con permiso del autor, quien es Doctor en Psicología.

¿POR QUÉ NI UN PIOJO SE ME PEGA?

La mentalidad machista o liberal de un hombre moderno tiene sus bases en tres grandes plataformas: la crianza y los valores que permean esa crianza, la educación formal e informal con respecto a formas de interactuar con el sexo opuesto y el modelaje que le sirve como guía de conducta a replicar.

Desde tiempos inmemoriales hombre y mujer han compartido una relación impactada por los juegos de poder, siendo hasta hace poco el hombre el ente dominante en esa relación. Desde los años setenta a esta parte dicha relación ha venido sufriendo unos cambios muy justos para las mujeres y para los hombres también. El beneficio de los cambios es dual si se enmarcan los mismos en un contexto de trato igual y bien común, y no en un contexto de competencia.

Lo importante es que nosotros, los hombres, cambiemos el "chip" mental si aspiramos a instalar y desarrollar relaciones funcionales, duraderas y estables con las mujeres, no sólo en la dimensión personal-íntima sino en las relaciones en los escenarios de trabajo y en la vida cívica. Esto se logra informándose, educando a los niños y a los jóvenes, y buscando ayuda profesional para desaprender patrones de conducta basados en el control y la agresividad. El hombre de hoy no sólo enfrenta grandes desafíos en las relaciones con las mujeres sino en las relaciones con otros hombres. Sin lugar a dudas, la dimensión profesional y el lugar de trabajo plantean una arena de competencia entre hombres, quienes por razones evolutivas y hormonales están diseñados para forcejear con las circunstancias que impactan la ganancia del sustento. De ahí que el reto del varón sea, convertirse en un excelente empleado o profesional al tiempo que se convierte en un fiel, afectuoso y respetuoso compañero de trabajo.

Un hombre completo

Un hombre es mucho más que un portador de genes X y Y. Un hombre completo y liberado es uno que logra armar relaciones beneficiosas y satisfactorias con distintas personas, de distintas edades y de distintos credos deportivos, religiosos y políticos y de diversas procedencias étnicas. El siglo veintiuno es el siglo del pluralismo y la globalización y quien se encierre en su cuartito chiquito está condenado a desaparecer sin pena ni gloria.

El mayor desafío del hombre de hoy es aprender a ser sensible, afectuoso, aprender a escuchar y aprender a comunicar sus necesidades, no como condiciones sino como necesidades. Tiene además que aprender a servir a sus congéneres. Hay mucho que hacer por los otros.

... se necesita hombres de verdad que siembren paz, amor y libertad en sus hogares, para de ahí, salir la familia junta a luchar por la paz de los demás."

Considero este texto un resumen abarcador que nos brinda una gran visión. Todavía escucho personas de ambos sexos decir *"yo soy así y punto"*. Y si bien se debe conservar nuestra autenticidad y nuestra individualidad, también, debemos reconocer que si deseamos pegarnos a alguien o que alguien se nos pegue, tenemos, sí, tenemos, que conocer la naturaleza del sexo opuesto así como estar receptivos y comprometidos con nosotros mismos a efectuar cambios; siempre que éstos sean para nuestro crecimiento y que nos ayuden a fortalecer nuestras relaciones. Total, gran parte de nuestra vida la dedicamos a los estudios y en un momento dado nos concentramos en la profesión a la que aspiramos llegar para prepararnos para un buen empleo, obtenerlo y conservarlo. ¿Por qué no vamos a hacer lo mismo sobre esa persona que queremos que nos acompañe hasta el final de nuestros días?

Sólo para los piojos (y piojas curiosas)

A partir del comienzo de la lectura, hemos establecido que desde el nacimiento el hombre y la mujer son diferentes.

Si la mujer tiene más de 30 años, por regla general, quiere un hombre mayor que ella. Así que si ella tiene 30, él tendrá unos cuantos más; tal vez llegando a o pasando los 40. Este mismo emparejamiento nos lleva a recordar que existen grandes diferencias entre el hombre y la mujer. Desde que nacemos, *varón y hembra los creó*. Cuando ella madura, él todavía lo hace más tarde; ella responde a lo auditivo, él responde a lo visual; en la comunicación él usa más los verbos, ella los adjetivos y los nombres; él conquista y ella...bueno. Ante los mismos eventos, el hombre y la mujer responden de manera diferente y su capacidad interpretativa de sucesos también lo es.

Con el pasar de los años vienen otras diferencias. Diferencias que existen en cualquier hombre, en cualquier mujer. Se trata de la crisis de la mediana edad que afecta a todos por igual sea cristiano o no, sea mujer o sea hombre. En la mujer se cree que la menopausia es únicamente más allá de los 50. Lo cierto es que hay mujeres que tan cerca como en los treinta y tantos ya están atravesando esta etapa con sus calores, cambios radicales en su temperatura corporal ("flashes") y todas esas molestias que afectan su calidad de vida. Por otro lado, el hombre atraviesa su andropausia más o menos a partir de los 40. La diferencia en cómo se trabaja esta etapa (hasta en esto hay diferencia) está en que a través de toda la existencia siempre se ha conocido la menopausia en la mujer; ya sea por conocimiento educativo, por experiencias de familiares, amigas y vivencias. No así el hombre. No es que esté solamente preparado, es que se niega no sólo que necesita esa preparación sino a aceptar la realidad de este hecho. Y es de todos conocidos que la mujer siempre ha cuidado su salud mucho más que el hombre. Al hombre se le dificulta visitar su médico y con la llegada de la andropausia no es la excepción. La andropausia y otros nombres dados a esta etapa masculina está apenas comenzando a reconocerse como tal aunque algunos niegan su existencia. Cuando el hombre no acepta esta etapa atrasa o impide su tratamiento. Sin embargo, como ya se conocía de la menopausia en la mujer, cuando ella comienza a experimentarla tiende a buscar ayuda lo que le devuelve la calidad de vida a su existencia. El hombre engorda, comienza la calvicie, pierde su energía, se ha producido un cambio en su vida. Cuando el hombre entra en su crisis de vida, al no reconocerlo y, por lo tanto, no buscar ayuda tiende a entrar en negación, hacer alardes con chicas más jóvenes para demostrar que no ha perdido su energía; entiende--como me gusta decir--que está en su máximo esplendor. Si bien toda etapa es digna de ser vivida precisamente con dignidad, el negar la existencia de factores que la afectan puede llevar a la persona en la dirección opuesta.

Durante esta crisis de la mediana edad, el hombre puede experimentar depresión, reflexiona sobre su vida y sus metas. ¡Cuántas faltan por cumplir! Se desanima, cuenta sus deudas, repasa su vida y el estilo de ella; puede encontrar algunas insatisfacciones no importa cuánto haya logrado. Así en estas condiciones puede que alguno piense pegarse a otra que está quizás en la misma condición, pero que ella sí con toda probabilidad ha buscado ayuda. Si ella no identifica esa etapa en la vida de él, definitivamente puede traer fricciones a la relación. Lo ideal es que él lo reconozca no sólo en su carácter personal sino confesándolo a quien sería su pareja. Claro está, como toda regla tiene su excepción, existen los hombres que aceptan esta etapa de su vida, la atienden debidamente y son felices ellos y los que están a su alrededor. Fluirá la comunicación y también la relación. Como en el caso de la menopausia femenina, en esta crisis cada hombre también reacciona diferente; lo más importante en ambos casos es identificarla y buscar ayuda médica primeramente. Como en toda consulta médica, usted le explicará a su profesional cómo se siente, probablemente éste le enviará a hacer unos laboratorios y a partir de esos resultados se tomará un plan de acción, que afectará su vida ¡claro que sí! positivamente. ¡De nuevo a la normalidad! Hay esperanza.

Recuerda que tomarse muestras de laboratorios es un proceso normal y completamente rutinario. Además, también puedes tomar medidas preventivas. ¿Cómo? Si ya estás cerca de esa edad, puedes pedirle a tu médico que te oriente sobre esta etapa, qué puedes esperar de ella y cómo debes proceder si sientes que la misma se está asomando a tu vida.

Y tocando este punto, pasemos a uno ligado al tema y es el éxito en los solteros. Pues ya que estamos viviendo y haciendo lo que es mejor para nosotros, vamos a hacerlo como solteros de éxito sin importar cuál haya sido nuestra vida pasada. Así que mientras tanto procura convertirte en un soltero exitoso después de todo si estás frente a esta página es porque te has preguntado *¿por qué ni un piojo se me pega?* o tal vez en algún momento alguien ya te nominó o premió como una persona extraordinaria así que no te falta mucho por alcanzar el éxito ¡ya eres todo un éxito! Pero ¿qué es éxito? Luego de las preguntas que siguen, abundamos de una manera diferente en todo lo que abarca esta palabra de cinco letras que a tanta gente le atrae.

¿POR QUÉ NI UN PIOJO SE ME PEGA?

Preguntas:

1. ¿Te has sentido inferior o superior a alguna posible pareja?

   _____

   _____

2. ¿Te has sentido amenazado, intimidado? _____

   _____

   _____

3. ¿Por qué crees que esto ocurre? _____

   _____

4. ¿Has estudiado (leído, buscado información) sobre la crisis de la mediana edad tanto en tu sexo como en el sexo opuesto?

   _____

Solteros de éxito

Quizás estés entre las personas que piensan que éxito es ostentar títulos profesionales o altos grados académicos, ganar buen dinero, pertenecer a la alta sociedad, formar parte del grupo que compone los altos funcionarios del gobierno, dirigir una empresa reconocida al menos nacionalmente o que todo un mundo o al menos la mitad de éste te reconozca. Sin embargo, es interesantísimo el verdadero significado de éxito, *"1. Resultado feliz de un negocio, actuación, etc.‖ 2. Buena aceptación que tiene alguien o algo.‖ 3. Fin o terminación de un negocio o asunto."*[27]. Desde luego, si tenemos buena aceptación es más probable que las definiciones 1 y 3 también se logren.

En adelante, vamos a referirnos a la frase *"Buena aceptación que tiene alguien o algo."*, la cual puede implicar dos aspectos. Uno es la buena aceptación desde el punto de vista de lo que los demás piensan de mí, aceptación social, mi reputación o mi testimonio. Y aunque decimos que no nos importa, la realidad es que sí nos importa. Tan es así que cuando solicitamos empleo, nos esmeramos en preparar un buen resumen para impresionar positivamente y nos empleen. Es importante porque en la forma en que la gente me ve y me acepta de esa misma forma me va a tratar. Es importante porque al fin y al cabo de eso se trata nuestro testimonio. Es importante porque la vida misma se basa en las relaciones humanas, nos relacionamos todos los días desde que llegamos al mundo. Nos importa y es válido que nos importe lo que los demás piensen de nosotros porque, a su vez, lo que piensen los demás de nosotros va a afectar nuestra autoestima.

---

[27] DRAE, pág. 1019.

Veamos otro aspecto de esta definición, *"Buena aceptación que tiene alguien...."*, el referente a la estima o apreciación que tengo de mí lo que se traduce en mi autoestima. Muchas veces mi autoestima está marcada por las experiencias y también por las relaciones, gente que dejó su huella en nosotros y experiencias que hemos o no superado. Muchas veces la autoestima es excelente y, cuando es así, no hay problemas mayores. Pero ¿qué de aquella autoestima lastimada? ¿Eres tú uno de éstos? ¿Crees que tienes baja o una pobre autoestima? ¿Crees que tienes una buena autoestima, pero NO te consideras apto para emprender algo? ¿Crees que otros lo pueden hacer mejor que tú? O dicho de otra manera ¿crees que todos lo pueden hacer menos tú?

No te sientas mal, no te acomodes tampoco; levántate y haz algo por ti. Nuestra historia está impregnada de gente exitosa que antes de serlo tuvieron sus escollos para salir adelante. Cuando lees sus historias te das cuenta que en ocasiones por menos que eso a veces tú y yo nos amilanamos. Sin embargo, lo importante no son los problemas que vencieron sino que lograron superarlos.

Desde hace más de 2000 años esos sentimientos (baja autoestima, sentido de inferioridad o insuficiencia, timidez, temor) existían aún en líderes de aquellos tiempos. Gente que no sólo eran líderes sino que eran los escogidos por Dios. ¿Te imaginas? ¿Has escuchado hablar de Moisés y David? Moisés fue un reconocido líder a través de todos los tiempos. El también tenía sus excusas directamente dadas al Señor en cada encomienda que El mismo le daba. *"...¿Quién soy yo para que vaya a Faraón, y saque de Egipto a los hijos de Israel?..."*[28]*; "...He aquí que ellos*

---

[28] Exodo 3:11.

<u>NO</u> *me creerán, ni oirán mi voz...*"[29] De acuerdo con la definición de éxito, Moisés sentía que NO tenía buena aceptación. "... *¡Ay, Señor! Nunca he sido hombre de fácil palabra, ni antes ni desde que Tú hablas a tu siervo; porque soy tardo en el habla y torpe en la lengua."[30] "... ¡Ay, Señor! Envía, <u>te ruego</u>, por medio del que debes enviar.*"[31] Su expresión denota *cualquiera menos yo*. Moisés fue constante en creer en su inhabilidad y en sentirse inferior. No le dio una excusa, ni dos, ni tres, le dio cuatro excusas al Señor. El estaba plenamente convencido que no tenía las cualidades para hacer lo que había que hacer. Estaba convencido que no era apto. Estaba convencido que había otros superiores a El que lo podían hacer. Y con todas sus excusas Moisés fue un militar, un príncipe en la corte de Faraón, entre todo lo que se conoce de él. Por otro lado, el Rey David lo reflejó en su pregunta: "*...¿Quién soy yo, o qué es mi vida, o la familia de mi padre en Israel, <u>para que yo sea yerno del rey</u>?*"[32] Conozco alguna gente así. ¿Eres tú de los que se ha sentido poco, inferior, para merecer el amor de...? Amas a esa persona, pero es mucho para ti. Están juntos, se aman, nadie como él...nadie como ella...*pero soy inferior...me siento menos*. Permíteme recordarte que Dios no tiene acepción de personas y todos somos iguales delante de El. En diferentes aspectos estas personas se sintieron inmerecedores e insuficientemente capacitados.

¿Cómo vas a trabajar con tu autoestima? Si necesitas ayuda profesional, es hora de buscarla. No esperes tener a alguien a tu lado para buscarla, el momento es ya. Mientras, puedes buscar en tu Biblia y ver qué dice al

---

[29] Exodo 4:1.
[30] Exodo 4:10.
[31] Exodo 4:13.
[32] 1 Samuel 18:18.

respecto, te adelanto algo: *"He aquí que Dios es grande, pero El no desestima a nadie;..."*.[33]

En ese mismo pensamiento mientras estás soltero, encaminándote hacia lo que es un soltero exitoso hay áreas de la vida que deben examinarse y hasta eliminar especialmente si eres de aquellos que se preguntan *¿por qué ni un piojo se me pega?* Y para ello el próximo segmento te presenta varias.

Diez puntos negativos a desechar

1. El desánimo. *Me retiro, me voy.* Tenemos que aprender a no dejarnos vencer. ¿Que nos desanimamos? Todos en algún momento lo hacemos. Las cosas no siempre resultan según deseadas. De pronto alguien se da cuenta que no siempre se obtiene lo que se quiere. No se planifica quedarse sin empleo, romper una relación, tener una enfermedad; no, eso no está en agenda. Sin embargo, para algunos, estos imprevistos ocurren y se desaniman. Pero lo que va a ser determinante es que el desánimo no se convierta en un estilo de vida. Pues aún así, cuando miras a tu alrededor y dentro de ti mismo, existe riqueza de incalculable valor aún cuando no tienes todo lo soñado a tu lado.

Algo que suele desanimar al soltero es su status civil: soltero. Desanima la constante presión social. Cuando te concentras en lo que no tienes (en cualquier caso), en este caso en lo que no se te ha pegado, te quita fuerzas y te desanimas. Mientras que cuando aceptas tu realidad actual y la disfrutas, esto te añade ánimo y entusiasmo por la vida

---

[33] Job 36:5.

misma incluyendo tu soltería. A su vez, esto trae salud emocional, espiritual y física lo que resulta en ganancia.

En el Evangelio de Mateo vemos dos escrituras, no son las únicas, cuando Jesús exhorta: *Ten ánimo*. Si nuestro Dios lo dice, es porque reconoce que en nuestra debilidad nos desalentamos. Si El lo dice, es porque necesitamos escucharlo; y te repito: Ten ánimo.

2. Malas asociaciones. Las asociaciones, aquellos con los que pasamos tiempo pueden influenciar y afectar nuestro: nivel espiritual, nivel de fe, el ánimo y nuestros sueños. Hay que ver si esa influencia es positiva o negativa. No estamos hablando de menospreciar a nadie, de ninguna manera, estamos hablando de por quién nos vamos a dejar influenciar pues toda persona deja una huella en nosotros. Aprendemos de todos los que de una manera u otra tenemos contacto. Por eso es importante cuidar las relaciones y aquellos con los que te relacionas. Cuida bien con quien compartes tus sueños. Cuando compartes con los demás tu visión es un riesgo en el sentido de que en lugar de aliento recibas desaliento. No es que no lo compartas, pero debes hacerlo con gente que te estimule a lograrlo, no que detengan tus sueños. Pero aún así si lo comentas o lo has comentado, digamos, con la gente incorrecta, lo verdaderamente importante es que tú creas en tu sueño. Lo que tú creas te dará las fuerzas necesarias para emprenderlo aún cuando los demás piensen lo contrario. De hecho, mucha gente ha logrado sus metas a pesar de que todos creían que ellos no podían y lo lograron, tú no estás fuera de esto. De todos modos, también habrá gente que confiará no sólo en ti sino también en tu sueño. ¡Adelante!

También existe la gente que te ata negativamente. A mí me incomoda en gran manera cuando la gente te ata a eventos negativos porque a ellos le pasó de cierta manera. Por ejemplo, muchos que criaron le dicen a los que están criando: *"Deja que llegue a la adolescencia, te va a pasar esto, esto y lo otro"*, refiriéndose a cosas negativas. No es negar que la adolescencia sea un período o el periodo más difícil. Algo que también he escuchado, especialmente cuando son niños atentos con sus padres: *"Eso es ahora deja que sea grande"*. Tienes un síntoma de algo, los diagnósticos no se hacen esperar, todos te lo dan gratuitamente. Cuando alguien me ata o intenta atarme basado en sus experiencias acudo a pensamientos que anulen dicha sentencia, o suelo contestar o declarar: *"Lo que le haya pasado a otros no quiere decir que me va a pasar a mí o a otra persona"*. Tenemos que tener cuidado a quien escuchamos. También en la Biblia vemos gente que tuvo malas asociaciones: Saúl consultó a la adivinadora[34], Roboam a la gente equivocada[35] y Jonás ni consultó sino que huyó de Dios[36]. Casi todos en algún momento nos asociamos mal, pero podemos cambiarlo para no continuar así. No se trata de descartar a aquellos que piensan contrario a nosotros, existe el respeto a la diferencia de opinión y esto es parte de la madurez. Existe la verdadera amistad que ha sido probada y, a pesar de las diferencias, a través de los años esa amistad permanece. Sin embargo, a la hora de compartir sueños hay que escoger con quién lo hacemos.

Por otro lado, existen ocasiones en que narrando algo te preguntas *qué hago yo hablando de este tema con esta persona*. Y ¡zas! Esa persona te abre los ojos hacia otra

---

[34] 1 Samuel 28:7-14.
[35] 1 Reyes 12.
[36] Jonás 1:3.

perspectiva y te hace ver cosas que tú no habías visto. O sea que tan importante son nuestras asociaciones como lo que escuchamos así como lo que hacemos con lo que escuchamos.

3. La queja. La queja te detiene. No te añade, te resta. Hay que dejar de lamentarse que el tiempo pasado fue mejor, que si aquellas amistades de la juventud, que si aquella relación que no prosperó, todo lo que me pasa a mí, que si aquello que me hicieron... Hay que dejar ir la queja así como las traiciones de los llamados amigos. Es mucha carga para nosotros. Cada día trae su propio afán ¿por qué cargar con raíces de amargura? Y no sólo la queja de eventos pasados, hay gente que se queja día tras día. Tú no eres el único que tiene problemas, todos en un momento u otro o tal vez en ese mismo instante en que tú estás pasando alguna situación quizás un amigo, uno de tu grupo, un hermano, también esté pasando por lo suyo.

4. La duda. La duda siempre va a venir en casi todo lo que emprendamos. Lo que vamos a hacer con esos pensamientos determinará nuestro proseguir. Aún en la duda puedes escoger: o dudas o crees. El evangelio según San Lucas 8:50 dice *"No temas, CREE solamente"*.

Podemos pensar que nuestra crianza o ambiente tuvo que ver en lo que somos hoy. Bien es cierto. Pero no podemos limitarnos y excusarnos con ello, hoy podemos adoptar actitudes que nos conduzcan a mejorar. Cualquier día, cualquier momento es excelente para realizar cambios positivos comenzando con nuestra mente que es el lugar donde la duda ataca.

5. Los complejos. *"¡Ay! Eso lo está diciendo por mí, me miró mal, no me miró. Si me miran es malo y si no me*

miran es peor. Todo me sale mal. " Constante comparación con los demás. ¿Tú crees que habrá alguien que se quiera pegar a esto?

6. El mal humor o cambios de humor constantemente. Cambios de parecer, *hoy quiero esto mañana no sé*; cambios continuos de pensamiento. *"El hombre de doble ánimo es inconstante en todos sus caminos."*[37]

7. Procrastinación. Dejar para mañana lo que puedo hacer hoy. Comienzo a hacer ejercicios…mañana. En esto influye también nuestro estado de ánimo. No podemos permitir que nuestro estado anímico afecte nuestro paso por la existencia al punto de dejar todo para después.

8. Todo aquello que nos limita. Pensamientos limitantes *"Yo soy así…yo siempre he sido así…hace 40 años que soy así…* (en cuanto al carácter)". ¡Chico! Pues si no te ha dado resultado o si siempre te ha traído problema, ¿no crees que es el momento de cambiarlo? El *"yo no puedo"* o *"no se puede"* son pensamientos que, en lugar de inspirarnos, nos atrasan y nos inmovilizan.

9. La excusa del tiempo. ¿Sabes? He descubierto que el tiempo no existe. Es una de las excusas más trilladas. No tengo tiempo. De pronto me doy cuenta que en los últimos seis meses yo tampoco he sacado el tiempo como lo estuve haciendo por tres años con mi rutina de ejercicios. Me autoanalizo y descubro que había cambiado el horario en el trabajo, lo cual afectó este preciado tiempo. Entonces, me determino a volver al ejercicio. Esto me proporciona salud, tiempo para mí, bienestar emocional y físico, lectura y expansión, y la satisfacción de recobrar precisamente mi

---

[37] Santiago 1:8.

tiempo. No existe el tiempo. Entonces es hora de recuperarlo y, si no recuperarlo, hacer el tiempo porque siempre será una buena excusa para no hacer algo. ¿Te sientes aludido?

Y dentro del tiempo: La edad, la edad es tiempo. *¿A mi edad?* Pensamiento limitante. No estoy hablando de entrar en negación ni ir al cirujano plástico. Me niego a ello. La edad sirve para marcar nuestra historia. Mi corazón se rejuvenece día a día. Estoy en el mejor momento de mi vida y es éste porque *rejuvenezco como el águila*[38].

Cualquier tiempo es bueno para empezar, para continuar, para desempolvar nuestros sueños, para hacer lo que desees hacer. Ray Kroc era diabético, tenía artritis, le habían extirpado la vesícula biliar y una parte de la tiroides.[39] Probablemente no sepas quien es Ray Kroc. A los 53 años Ray Kroc firmó un contrato que le daba todos los derechos de la cadena McDonald en Estados Unidos. ¿Qué te parece? Ni sus condiciones de salud, ni su edad fueron impedimento para triunfar. En esas oraciones que precedieron, Ray tenía varias excusas para enterrar sus sueños; ya había pasado su juventud, tenía varias condiciones afectando su salud y tanto el dinero como el nombre lo tenía otro.

Moisés fue llamado a los 80 para libertar al pueblo.[40] Cuando murió tenía 120 años[41], sus ojos no se oscurecieron ni perdió su vigor. Abraham fue llamado a los 75[42] cuando su cuerpo estaba como muerto, entonces el Señor le dijo

---

[38] Salmo 103:5.
[39] *Mi Primer Millón*, páginas 102-103.
[40] Hechos 7:23, 30-38.
[41] Deuteronomio 34:7.
[42] Gen 12:1-4.

que le daría un hijo y ya Sara había pasado la costumbre de las mujeres.[43] Por otro lado, Caleb (Príncipe de la tribu de Judá[44]) tenía 40 años cuando Moisés lo envió a reconocer la tierra.[45] A los 85 años decía estar tan fuerte como aquel día (el día en que Moisés lo envió).[46] A los 85 años pedía el monte Hebrón alegando que su fuerza de ahora, 85, era igual a la de entonces, 40 años, para entrar y salir de la guerra. Y a Josué, Jehová le dijo cuando ya estaba viejo y entrado en años: "*...Tú eres ya viejo, de edad avanzada, y queda aún mucha tierra por poseer.*" [47] y le da instrucciones: "*Reparte...*".

Hace apenas unas décadas Ronald Reagan fue electo Presidente de los Estados Unidos a los 69 años, el Presidente de mayor edad en ocupar dicho cargo.

Te traigo los ejemplos bíblicos porque si esto fue hace más de 2000 años y estamos tan adelantados ¿no se supone que estamos en una posición de ventaja y que podemos lograr más a pesar de nuestra edad o más aún con el favor de nuestra edad? Y otros ejemplos de nuestro tiempo para que veas que si tienes un sueño que ha nacido dentro de ti, no existen obstáculos que te impidan realizarlo. Los obstáculos siempre estarán y muchas veces es en la mente donde están, donde nacen o mueren, donde toman forma o se deforman.

10. ¿Aislarse? No es una alternativa. No te dará resultado. Primero no estás viviendo, estás existiendo. Aún cuando te aísles con un galón de mantecado frente al

---

[43] Gen 18:11.
[44] Núm. 13:6.
[45] Josué 14:7.
[46] Josué 14:7, 10-11.
[47] Josué 13:1, 7.

televisor, vas a tener que salir a caminarlo porque esas calorías ahí te van a hacer daño. Muchas veces el soltero se queja de que nadie lo llama, ni lo busca, pero la realidad es que él mismo se aísla, se separa del grupo, se esconde, se saca de circulación.

Mientras estoy en la producción de este libro, me cuenta una querida amiga (llamémosla Carmen) que hay una Convención de la cual ella quisiera participar. Sin embargo, ya no conoce a los participantes, toda la gente es prácticamente nueva. La realidad es que muchas veces nuestras vidas toman giros distintos y nos distanciamos de los amigos. No me refiero a estas amistades que todos tenemos que la distancia no enfría y que no nos procuramos con frecuencia, pero cuando nos encontramos es como si nos hubiésemos visto el día anterior. Pues Carmen siente que de los participantes a dicha Convención ya nadie se acordaría de ella, además de que muchos son nuevos y ella también ha estado desconectada. Una amiga la invitó y cuando Carmen decidió contestar en la afirmativa, ya su amiga tenía otros planes y no fue bien recibida. Aún en su pena de que ya no conocería a nadie allí, llamó a otra persona con la que compartió en una época y ésta la invitó. Moraleja: No te rindas, sigue haciendo intentos. Aplica a todo. Carmen le expresa su preocupación en cuanto a con quién estaría compartiendo pues no tenía allí a nadie. Y esa otra amiga le contesta: *"Nos tienes a todos nosotros"*. Esto evidencia una vez más que no estamos solos, eso está sólo en nuestra mente y ocurre cuando nos aislamos. Por ello también es importante no dejarle la responsabilidad total al celular de guardar nuestros números telefónicos. Debemos tener una lista actualizada de toda esa gente linda con la que hemos compartido y que una llamada nos remontará no sólo a diez años sino que nos ofrecerá un presente de gratos recuerdos así como un inesperado y agradable futuro. Y, después de todo, ¿quién sabe?

Necesitamos a nuestra familia aunque sólo sea para saber que están allí, nos necesitamos los unos a los otros. Y para unos a veces y para otros muchas veces, la realidad es que nos sentimos solos. Solos cuando atravesamos una situación en la que nadie viene en nuestro auxilio, pero ¿cómo van a venir si no saben, si desconocen, si nos encerramos en nosotros mismos aún cuando participamos en grupos? ¡Wow! ¡Qué mucha gente!...pero

- me encierro,
- *estoy aquí con una coraza,*
- *que nadie intente intimar conmigo,*
- ariscos,
- cerrados a fomentar relaciones cuando en nuestro interior el integrarnos es un deseo ardiente de nuestro corazón.

Lo anterior es una actitud contraproducente en nuestro deseo de socializar. Entonces ¿de qué te quejas que no se te pega? Son sentimientos encontrados que si los reconoces puedes actuar y tomar acción positiva, pero si no los reconoces no podemos hacer nada. Como que no guarda relación esta realidad, pero lo cierto es que acudimos a una actividad, luego al final del día nos encontramos que estamos con la misma soledad y a veces con un sentimiento de vacío existencial. ¡Claro, no estamos hablando de aquellos solteros que disfrutan siendo solteros aún cuando desean casarse, aquellos que disfrutan no sólo su soltería sino estar solos cuando lo están y así lo quieren! ¿Quién no ha estado en un grupo entre tanta gente, en una actividad con personas conocidas y se ha sentido solo? Tal vez hasta se haya preguntado *¿Qué hago* *yo aquí? Pudiera estar haciendo esto o lo otro.* Hay y habrá ocasiones en que hay que decir no y quedarse en casa y, sobre todo, disfrutarlo. Pero si quieres amigos y algo más que amigos, hay que socializar.

¿Sabes de qué otra manera me encierro, me aíslo? Nos aislamos, ponemos una pared entre nosotros y el resto de la humanidad cuando llevamos los niños a un lugar de diversión, a la clase de esto o aquello, a algún cumpleaños y no compartimos. Nos llevamos un buen libro. O nos vamos y los buscamos luego, o usamos el celular para hablar con otros. Y así mismo hacemos en las salas de espera. Entonces, no entiendo por qué te preguntas *¿por qué ni un piojo se me pega?* cuando cierras las oportunidades de socializar.

El Internet y el celular son adelantos en la tecnología cuyo mal uso puede retrasar socialmente al ser humano. Hacen la comunicación impersonal. Al punto que piensa en cuántos números de teléfonos de los que tienes guardados en tu móvil sabes de memoria. No sólo no guardas esos números como algo tan personal sino que dejas de ejercitar tu memoria que a esta edad bien deberías mantener activa. Por otro lado, envías un mensaje de texto en lugar de decirlo personalmente aún a través del mismo celular o del Internet. Es un mensaje precioso que se ha enviado a todos de la lista de direcciones, seguro que hay unos que aprecias más que otros a quienes darías un toque más personal, en los que confías más que otros, unos que son tus amigos, otros conocidos, pero lo envías a todos por igual y lo personal se desvanece. Quizás, es tiempo de enviar menos correo electrónico y hacer más contacto personal.

Entonces ¿cómo es posible que si tienes tanta gente alrededor, tantos contactos diarios y rutinarios, puedas sentirte solo? La realidad es que somos seres gregarios. Está en nuestra naturaleza humana el deseo de compartir con otros. Somos gente que necesitamos gente. Nos podemos aislar, pero necesitamos al médico, al farmacéutico, al del laboratorio y rayos X. Necesitamos al pastor, al cura; necesitamos su abrazo. Nos necesitamos unos a otros.

> *"Necesitamos 24 abrazos diariamente:*
> *4 para sobrevivir*
> *8 para mantenimiento*
> *12 para crecer."*
> Virginia Satir

Pero hay que salir, es una oportunidad para conocer gente. ¿Sabías que compartir con otros es una oportunidad de aprendizaje? Conoces a alguien que está en una condición más aventajada que tú o conoces a alguno en una posición profesional aparentemente de desventaja y de todos ellos se aprende. Algo que no pensabas comentar, de pronto lo dices y las reacciones te muestran aspectos que no veías, otro ángulo, otra motivación; en ocasiones, hasta una ayuda inesperada. ¿No te ha pasado? Y así poco a poco es gente que se añade y ¿qué tal si se te pegan?

Preguntas para meditar:

1. ¿Te considerabas una persona de éxito? _____

2. ¿Gozas de buena aceptación? _____

3. ¿Ante los demás? _____

4. ¿Tienes buena aceptación de ti mismo? _____

5. ¿Cómo te describes a ti mismo?

　　_____
　　_____
　　_____

6. ¿En cuáles de las actitudes mencionadas has caído?

　　_____
　　_____
　　_____

7. ¿Cuáles tienes que corregir?

　　_____
　　_____
　　_____

8. ¿Algo que preservar? _____
9. ¿Algún plan de acción? _____

　　_____
　　_____

Alerta Roja

Además del comportamiento evaluado, sería saludable identificar algunas situaciones que nos indican Alerta Roja. Entiéndase por Alerta Roja prestar atención a aquella conducta que no debemos permitir ni repetir, especialmente cuando de relaciones se trata, ya sea porque recaes en:

- Conducta que estás erradicando.
- Tus errores.
- El pecado.
- Pegarte a gente con comportamiento que no quieres para ti.
- Otras precauciones a considerar para que nuestro corazón no sea lastimado.

Una campaña de salud sobre el corazón exhorta a dejar los automóviles a una distancia de no menos de 90 pasos del lugar a visitar. Sugiere que caminar esa distancia ayuda al corazón. No te vamos a dar 90 pasos para cuidar tu corazón en cuestiones del amor o para lanzarte a éste. Dios quiera que prontamente escuches sus latidos precisamente por amor. Pero sí, es importante que cuides tu corazón. Muchas veces las lágrimas vertidas fueron derramadas porque sí. Uno o los dos involucrados habían percibido las señales, eran evidentes y fueron ignoradas. Evítalo. Tal vez no era o no es el momento. Los seres humanos somos excepcionales, únicos, creación de Dios ¡te imaginas! Pero esos seres humanos que eres tú, que soy yo, en algún momento de la vida, han sido heridos y requieren sanar antes de entrar a una relación. Hay cosas que arreglar sea tú o la otra persona. No es malo, es ley de vida. Todos los solteros en algún momento hemos pasado por ello. Son los eventos que a fin de cuentas nos fortalecen y nos ayudan a crecer y hay que procesarlos. No poner un parcho y seguir.

Y cuando se trata de los cuidados del corazón, cada uno es responsable del suyo, y debe ser tratado precisamente con amor.

Veamos:

√ Alerta Roja, si estás conociendo a alguien o tienes una relación de noviazgo y estás observando situaciones o actitudes que te disgustan; en mi País se dice: *"más claro no canta un gallo"*. O sea, es evidente que se te está enviando un mensaje claro. Recuerda que hay seres extraordinarios como amigos y seres extraordinarios aún cuando no son tus amigos. No necesariamente todo aquel que es un buen ejemplar o una buena candidata es quien será tu ayuda idónea. Puede ser la ayuda idónea para otra persona. Pero fíjate, en las relaciones de pareja es usual que la gente busque señales que le confirmen esa pareja que están considerando o que le indique si debe o no continuar con la relación. Y la realidad es que muchas veces cuando se llora una relación rota si te remontas a sus inicios, te darás cuenta que hubo ciertos indicadores que señalaban Alerta Roja. Pero…alguien pensó que esta vez sería diferente, *"no…no…qué va! No esta vez…"* y le dieron paso a la relación a sabiendas, para tarde o temprano llorarla, cuando pudo haber sido evitado. No se entienda con esto que estás buscando el hombre perfecto o la mujer perfecta porque ninguno lo es. Pero sí, la pareja perfecta que es aquella que a pesar de todas las diferencias y similitudes, armoniza y es perfecta para ti.

√ Alerta Roja, si comienzas una relación cuando hay situaciones que resolver. Antes mencioné situaciones o actitudes que te disgustan, ahora te estoy mencionando conflictos que ya se asoman en la relación.

¿POR QUÉ NI UN PIOJO SE ME PEGA?

√ Alerta Roja, cuando sabes que no quieres compromiso y has iniciado comunicación con otra persona dando paso a la ilusión. O si es la otra persona la que no lo quiere y lo sabes, camínalo. En una ocasión un amigo, mientras me hablaba de sus intentos, me comenta que Érica le había hecho perder el tiempo y otras oportunidades con otras chicas. Resulta que a José, le gustaba Érica y así se lo hizo saber. En ese mismo momento ella le indicó que no era correspondido y quedaron como amigos, lo cual él "aceptó". El sabía todo de Érica, incluso ella le presentaba otras amigas para que él tuviera otras opciones. Cuando José me dio la queja que comparto en este relato, le dije que él estaba equivocado. Ella no le había hecho perder el tiempo pues le había hablado claro. Pero él aceptó la amistad albergando falsas esperanzas (por ello coloqué entre comillas aceptó). No fue sincero consigo mismo. Estas situaciones son difíciles para ambas partes, pero es conveniente hablar claro. En otra ocasión José hizo otro acercamiento y la chica le dijo que no estaba interesada sino en amistad. Él le dijo que sí que podían ser amigos y que quizás más adelante... ¿Ves? Dos veces le han hablado claro a José, en el sentido de que sólo encontrará una amistad y, sin embargo, él a conciencia continúa albergando ilusiones. Bien es cierto que todos conocemos personas que han sido amigos y luego terminan felizmente unidos. Es que para unirte a alguien tiene que existir primero amistad. Pero cuando se habla claro desde un comienzo, debes recibir y aceptar el mensaje porque si guardas falsas esperanzas, vas a sufrir innecesariamente.

√ Alerta Roja, cuando te sientes fuertemente atraída o ya estás compartiendo con una persona del sexo opuesto que (vamos a decir que no lo sabías) de pronto descubres que está casada o tiene alguna relación. Las excusas que las personas comprometidas ofrecen en estos escenarios no cambian su realidad y quien sigue el juego no tiene nada que ganar.

√ Alerta Roja, cuando te das cuenta que el tiempo avanza y aún no tienes pareja, entonces, comienzas a bajar tus estándares, lo que antes no dabas por bueno comienzas a aceptarlo. Eres Su especial tesoro, ¡te imaginas! Su especial tesoro, no te quites valor.

√ Alerta Roja, si es a ti a quien alguien entretiene, pasa mucho tiempo contigo, te demuestra cierto interés, pero no se compromete ¡Alerta Roja! Hay personas que temen al compromiso. Y otras que quieren disfrutar de los beneficios sin pagar el precio. Estos dos tipos de personas mientras están contigo te privan de conocer a otras; te puedes ilusionar y luego sentirte como una persona estúpida o ridícula porque correspondiste a una falsa ilusión.

√ Alerta Roja, cuando desde comienzos de la relación hay una constante prisa por casarse. Pregúntate: ¿Por qué?

√ Alerta Roja, cuando te anticipa falta de respeto, descortesía, te menosprecia y maltrata (verbal o físicamente); todas sus ideas y creencias son contrarias a las tuyas, y las tuyas no merecen el mínimo pensamiento según esa otra persona.

√ Alerta Roja, cuando existe una gran diferencia en estudios académicos y es la mujer quien tiene mayores estudios. De hecho, existen otros aspectos que podrían ser factores de riesgo (entiéndase uniones que podrían ser disueltas) en una relación, diferencias tales como: raza, nivel social, religión, manejo de las finanzas, grado académico y valores espirituales y morales.

Cuando es el hombre que tiene más estudios que ella, esto rara vez sucede. La mujer no se siente amenazada sino orgullosa de su pareja. Entonces el hombre no se siente en posición de desventaja. Recuerda toda regla tiene su excepción. Sin embargo, es un aspecto que no debes descuidar sino áreas a considerar.

√ Alerta Roja, cuando se acerca alguien que, en lugar de añadirte, te amarga la existencia. Analiza bien: eres independiente (la única dependencia aceptable es en Cristo Jesús). Estás más o menos estable, no necesitas a nadie para vivir. Hasta ahora lo has estado haciendo bien solo (quizás anhelando compañía ¡está bien!) pero lo has hecho más o menos correctamente. Algunas cosas quizás hubieses mejorado (todos estamos igual y no tiene que ver con el status civil, no hay nadie en ventaja ni tampoco en desventaja). Básicamente no te falta nada. Por lo que la persona que venga a integrarse a tu vida tiene que ser para vivirla mejor, para aportar, para añadirte, no para agriarte la existencia; eso lo puedes hacer solo y no lo has hecho porque sencillamente no tienes necesidad de ello.

Entonces ¿qué pasa? A veces con la familia, gente de la misma sangre se define bien la línea. No se le acepta una mínima ofensa o desaire, pero cuando llega una persona particular, ajena a tu vida, que visualmente es irresistible, te hace una, dos y tres, lo aceptas y justificas. Es entonces que necesitas ALERTA ROJA. ¿Qué está pasando?

Ciertas conductas, especialmente cuando vemos el pasado de las personas, se pueden entender, pero eso no justifica que te lastime. Eso es inaceptable y definitivamente lacera tu autoestima y dignidad.

√ Alerta Roja, cuando quieres que alguien se te pegue, pegarte y deseas que esa relación sea para toda la vida hay áreas que tienen que ser observadas y la parte espiritual es una muy importante:

1. ¿Tiene una vida espiritual estable?
2. ¿Busca a Dios en espíritu y verdad, por apariencia o es mientras te gana a ti?
3. ¿Su conducta evidencia respeto hacia tus convicciones morales o cristianas?
4. ¿Asume responsabilidad de sus actos delante de Dios?

√ Alerta Roja, cuando hagas tu descripción de lo que tú quieres en una pareja, no la muestres a tus posibles parejas para que el proceso no se contamine, para que la duda no te asalte: *"¿Será la persona real? O ¿es que ya leyó mi lista y está tratando de cumplir con mis requisitos para ganarme y no porque es realmente auténtico?"*

Quinta parte:

Nuevos comienzos

*"Si quieres hallar en cualquier lado amistad,
dulzura y poesía,
llévalas contigo."*
Georges Duhamel
Escritor francés 1884-1966

Nuevos Comienzos

Ya has leído tantos aspectos, identificado algunas áreas, algunos episodios parecen tuyos y si has llegado hasta aquí probablemente quieres un nuevo comienzo. Una relación nueva (y fresca) es un nuevo comienzo. Un corazón roto, más allá de un triste final, y aunque te cueste reconocerlo, es definitivamente un nuevo comienzo. Tú decides cómo salir a hacerlo, pero la realidad es que aún ante cualquier situación adversa que una persona esté atravesando es un nuevo comienzo. Un nuevo comienzo para hacer algo al respecto, pues la vida continúa. También, determinas comenzar nuevamente cuando analizando tu vida quieres y decides darle otro giro a la misma.

Cuentan de esta muchacha que al mirarse al espejo notó que le quedaban tres pelos y dijo: *"Hoy me haré trenzas."* Al día siguiente notó que le quedaban dos pelos y dijo: *"Hoy me haré la partidura en el medio."* El próximo día se miró y notó que le quedaba solamente un pelo y ¿qué pasó?: *"Me haré una cola de caballo."* Pero al día siguiente vio que no tenía pelo en la cabeza... ¿qué sucedió? ¿Dijo algo? Al mirarse al espejo dijo: *"¡Qué bien, no tengo que pensar cómo peinarme!"* La parábola dice muchísimo.

- De primera intención, una actitud positiva ante cualquier viento contrario.
- Una actitud positiva que dice que nada me va a derrotar, no le tomó tiempo pensarlo, el pensamiento ya estaba.
- Problema-solución.
- Vivía cada día según aparecía.
- Las circunstancias no aplacaron su ánimo.
- Un aparente problema lo tradujo en algo positivo.

- Voy para adelante cualquiera que sea la situación.

¿Te imaginas cómo hubieses reaccionado tú en una situación similar? No importa como hayas reaccionado en el pasado, lo importante es como lo vas a hacer en adelante porque definitivamente, precisamente tienes frente a ti un nuevo comienzo.

Amigos, sí
"y amigo hay más unido que un hermano."
Proverbios 18:24

Y así al final del trajín que trae cada día te das cuenta que cumples tu jornada laboral diaria, haces tus ejercicios (¡más te vale!), cocinas, comes; si tienes niños, haces asignaciones y procuras que coman, se bañen y se acuesten (más o menos y con dosis de amor). Es hora de un suspiro, pero antes, ver quién ha llamado. Pero la contestadora del teléfono no tiene mensajes. Nadie ha llamado. Si bien te sientes feliz, realizado y orgulloso de todo lo que has logrado y eres, lo cierto es que tu carne clama y te recuerda: estás solo. Lo verdaderamente grandioso es que hay noticias: No estás solo en esto. Y para eso están los amigos... *"En todo tiempo ama al amigo y es como un hermano en tiempo de angustia."* Proverbios 17:17.

Hay personas que no se dan la oportunidad de hacer amistad con solteros del sexo opuesto a menos que haya un interés sentimental entre ellos. Entonces, se privan de amistades porque si tiene interés y la otra parte no lo tiene desiste porque lo que quiere es pareja no amigos. En este caso, en el que una de las partes está interesada y la otra no, es preferible que se desista de la amistad; pues de continuarla, el interesado puede albergar esperanzas. Sin embargo, aunque se anhela pareja, la amistad con solteros del sexo opuesto puede resultar muy beneficiosa para ambas partes. Otros abandonan a sus amigos cuando aparece alguna posible pareja en sus vidas cuando Salomón nos exhorta: *"No dejes a tu amigo..."*[48]

Entonces, la edad ha avanzado. Pasas o sobrepasas los 30, te acercas o pasaste el medio siglo de vida. Al menos deberías tener amistades. Pero para hacerlo hay que cultivarlas. Cuando ves las películas *"Calendar Girls"* (historia de la vida real), *"Boneville"* y hasta la misma *"Bucket list"* tratan de amistades en su etapa de madurez. Como tal, comparten todo y están presentes en los momentos buenos y en los menos favorables. Gozan, lloran, discuten, en las crisis se acompañan y aún en ellas se enojan, se reconcilian y permanecen juntas. La misma intérprete de Elsa (la de la película Elsa y Fred) en una entrevista habla sobre su amistad con Alfredo en la vida real. ¿Qué no tienes piojo? ¿Por qué no hacer un brindis por la amistad y fomentarla? Cuando ves estas películas y otras, casi todas son dramas, nos invitan a pensar. ¿Contamos con verdaderas amistades para estar en nuestro tiempo cercano a la vejez? ¿Las hemos fomentado? La prisa, rutina, el ajetreo diario, mudanzas, trabajos, cada quien tiene lo suyo, no propician sino que priva a las personas de hacer amigos. ¿Por qué no fomentar la amistad? No sólo para los "party" y actividades sociales, sino amistades genuinas, con valor para esos y otros momentos.

¿Quién no necesita un amigo? Nadie es tan ermitaño que no necesite de alguien. El ser humano es gregario por

---

[48] Proverbios 27:10.

naturaleza. Un amigo (independientemente de si es hombre o es mujer) para:

- ♦ simplemente estar ahí, a tu lado
- ♦ hablar de tu situación
- ♦ hablar de todo menos de tu situación
- ♦ compartir un abrazo
- ♦ recostarte en su hombro
- ♦ compartir silencios
- ♦ o tal vez un café
- ♦ o una buena película
- ♦ simplemente tener compañía
- ♦ alegrarse la vida (¡ujum! en el buen sentido de la palabra)
- ♦ o llorar por el sentimiento que queda
- ♦ hablar de los sueños (las pesadillas ya pasaron)
- ♦ cambiar el mundo
- ♦ mojarte en la lluvia
- ♦ salir con los niños porque no hay quien los cuide sino simplemente disfrutarlos, disfrutarlos y, sobre todo, amarlos
- ♦ desahogar tu ser
- ♦ ninguna de las anteriores
- ♦ todas las anteriores

¿Sabes? Ser soltero **ni es el principio ni es el fin**. Lo que pasa es que muchas veces se ha idealizado la vida a base de una pareja a tu lado. Pero Dios es bueno y tiene cuidados de todos incluyendo a los solteros. En medio de cada dificultad siempre hay alguien que te brinda su apoyo, su hombro, sus oídos, su risa, no estamos solos; El cuida de nosotros, nos lo muestra con los que están a nuestro alrededor y, por regla general, se llaman amigos. Tener un amigo es sinónimo de bendición. Por eso creo que mientras estás soltero no es el momento para quejarse porque lo estás, ya que ni es el principio ni es el fin. Es el momento no de quejarse por la pareja que no se tiene sino ser agradecidos y cultivar todas esas amistades y relaciones que El nos ha provisto y si, por alguna razón hoy no tienes un amigo, ¿qué tal si comienzas siendo uno?

Cómo darle sentido a tu soltería

¿Qué tal comenzar con un cambio de actitud? Que tus pensamientos transformen cada situación y tu soltería en una buena actitud:

- Estoy solo…y tengo tiempo.
- Tiempo para mí.
- Para leer.
- Para hacer lo que quiero hacer si es que quiero hacer algo.
- Para invitar a quien quiera si quiero.
- Soy mayordomo de mi tiempo, de mi vida, de mis finanzas. Uso mi tiempo libre a mi antojo.
- Y a veces sin antojos.
- Puedo dedicar el día a recoger…
- A ponerme en orden.
- O dejar el desorden y volar… (mi imaginación o hacia las siete maravillas del mundo o hacia tus siete maravillas, ponle nombre)
- Estoy lleno de vida.

Y sigues pensando
- La vida me sonríe.
- Tengo energía para disfrutarla.
- Me gozo cuando los demás se casan.

- Me gozo de las bendiciones de los demás (sin pretender aprovecharme de ellas).
- Tengo una reserva de amor que en algún momento usaré a mis anchas (ya será a nuestras anchas).
- Si tuviese alguna condición de salud, estoy vivo y mientras hay vida hay esperanza.
- Puedo comprar mis flores favoritas del color que combina con mi hogar (si me las hubiesen regalado, era cuestión de aceptarlas, no escogerlas).
- Si llamo y no contestan, sigo intentándolo; o desisto y me mimo yo.
- Si siguen sin contestar, si tienen planes…pues invito a alguien a casa, a un café o bien me voy solo (a). ¡La vida sigue siendo bella! Y está llena de bondades.
- Y esas pinturas celestiales están diseñadas especialmente para mí.
- Es cierto que algunos están felizmente casados.
- Y otros lo están pero…ca~~n~~sados.
- Otros sobreviven con esperanzas en el psiquiatra, terapista, la consejera, el cura o el pastor.
- Otros de largos años de matrimonios inspiran y su ejemplo dice: *"hay esperanza"*.
- Si quiero salir, pues salgo.
- Si quiero quedarme a ver televisión o estar a mi ritmo, lo disfruto igual y lo decido yo.
- Sí, claro, ~~algunas veces~~, muchas veces me he sentido solo.
- La realidad es que más que sentirlo, lo estoy.
- Pero el mundo gira a mi alrededor (sin vanagloria).
- Y lo que es mejor: no es el principio ni tampoco es el fin.
- En fin, no tengo que tomar en cuenta a nadie como tampoco su estado anímico.

- Y como estoy, soy feliz.
- Y como estoy, soy feliz y lo disfruto.

Sí, sé que a veces esto suena raro porque la realidad es que quieres a alguien a tu lado. Pero en la medida que te envuelvas a disfrutar tu soltería, menos falta te hará. Mientras estás inhábil, desocupado, esperando a que llegue alguien a tu vida más larga es la espera y desesperas. Entonces cuando llega alguien a tu vida, debido a que no has cultivado intereses, vida social, puede ocasionar que absorbas demasiado a esa otra persona y en lugar de aportar positivamente a la relación lo eches todo a perder. Pero cuando te ocupas en otras cosas, tu mente, tu agenda, tu vida, tu espíritu y entonces llega esa persona, tendrás más para dar con un corazón dispuesto también a recibir.

¿Qué hacer entonces?

Entonces ¿qué hacer mientras eres una persona soltera? Para comenzar debes saber que estudios han revelado que los solteros son más felices que los casados. Claro, no estamos hablando de la etapa de divorcio porque esa etapa es una muy frágil y vulnerable en la que muchos llegan a la depresión y en la que la mayoría de los casos (sino en todos) hay que buscar ayuda profesional. Pero sí, la soltería tiene sus beneficios entre los cuales está:

- Salud, los solteros gozan de mejor salud que los casados.
- Tu ingreso te pertenece y haces lo que quieras con él bajo tu propio juicio o riesgo.
- Tu tiempo te pertenece y ¿sabes qué? el tiempo es vida, no lo desperdicies.

Actitudes y acciones que se pueden adoptar

1. Usa esta soltería para conocerte. En el espacio siguiente en la primera columna, escribe tres cualidades tuyas. No pases a la segunda columna sin identificar tus tres cualidades. Si eres cristiano, no contestes con todas las formas que Dios te ve. Es muy bueno saberlo, pero debes contestar seis cualidades tuyas sin sacarlas de la Biblia. (Cualidades, aquello que te describe como ser humano.) Una vez completes la primera columna, pasa a la segunda.

Yo soy	La gente me ve
_____	_____
_____	_____
_____	_____
_____	_____

A estas alturas de tu vida, esto no te debió tomar más de dos minutos, claro, si es que te conoces. Es vital que sepas quien eres especialmente si quieres que alguien se te pegue. Y es recomendable que sepas no solamente tus cualidades positivas sino aquellas con las que estás trabajando. Es bueno que sepas quién eres en Cristo Jesús tanto, como quien eres emocionalmente hablando. ¿Ves? Queremos empatarnos con alguien, conocer a esa gran persona cuando muchas veces no nos conocemos a nosotros mismos. Y también es importante saber cómo la gente nos ve, esa gente con quien nos relacionamos día a día.

¿Sabes qué? Esa soledad que estás viviendo tiene su razón de ser y puedes darle muchos usos a la misma. Sin embargo, hay gente que tiene entre 30 y 55 años y ese tiempo no ha sido suficiente como para identificar tres cualidades. Entonces quiere conocer a otra persona y casarse para toda la vida. Lo que es más, a los 6 meses de haberlo conocido se quiere casar porque *"Yo ya sé lo que quiero en la vida...", "somos adultos"*. Dice que en seis meses ya conoce a esa otra persona cuando 30 años no han sido suficientes para conocerse a sí mismo. ¡Ujum! Piensa un poco en ti, pues conocer tus virtudes te ayuda a fortalecer tu autoestima.

2. Establece un plan de acción. Evalúa tu pasado, identifica dónde estás y muévete hacia donde quieres llegar. Si quieres permanecer dónde estás hoy, continúa haciendo lo que has hecho hasta hoy. Si quieres cambios en tu vida, es hora de cambiar. Tan sencillo como en las actitudes y comportamiento. Tengo una gran amiga. Es conocida, goza de éxito y nadie le cree que es tímida. La entiendo, a mí tampoco me creen que tengo algo de timidez. Ella dice que cuando le agrada alguien y se encuentra con esa persona no procede según quisiera y, a veces, en el poco y casual encuentro surge una breve conversación en torno a ella. Esto ella lo detesta, no por baja autoestima, no; sino porque lamenta el no haber girado la conversación en torno a él mostrando algo de interés y entiende que así pierde una oportunidad. Es grandioso cuando las conversaciones surgen con total espontaneidad, pero si conocemos los puntos débiles, como en este caso la timidez, pues no es mala idea planificar lo que podría ser algo más que un saludo frío y pasajero. La planificación aplica a toda nuestra vida. Algunas cosas pasarán contrario a lo planificado y otros resultados serán producto de nuestros planes. Además, tener un plan de acción nos

mantiene con un propósito a cumplir. Nos mantiene alertas y en ruta.

El conocido trompetista Luis "Perico" Ortiz cuenta en una entrevista radial su determinación para dejar el cigarrillo. Un día le dijo a su esposa: *"No voy a fumar más"*. Y cumplió su palabra. Él mismo relata que jamás pensó: *"Voy a tratar de dejar de fumar"*. Nunca. Porque conscientemente él entendía que esas palabras no reflejaban compromiso. No era cuestión de tratar, era cuestión de dejarlo. Este ejemplo muestra la determinación tanto en sueños por alcanzar como en erradicación de conductas. Alguna gente necesita una brújula en su vida. Algo que los inspire, motive y les dé dirección. De lo contrario, se sienten perdidos. Pero también están los que saben y reconocen lo que es mejor para sí y van tras ello.

3. Haz vida social. La existencia depende de su respirar. La vida depende de las relaciones. La vida se basa en relaciones. Si no quieres estar solo, no lo vas a estar porque la vida misma se encarga de que te relaciones. Entonces, de ti depende qué haces con esas relaciones. Por otro lado, si quieres y has decidido estar solo tengo noticias para ti: no puedes escapar porque desde que llegaste a este mundo has entrado en contacto vitalicio con gente:

- Con tu familia
- Con tu vecino
- Con el padre o la madre de tus hijos
- Con tus ex suegros (si tienes niños) y familia extendida
- Con tus tíos, primos, hermanos, padres, abuelos
- Con tu jefe
- Con aquella persona detestable que tienes en el trabajo

- Con el dependiente de la tienda
- Con tu pastor o sacerdote
- Con el ujier que te manda a estacionarte lejos
- Con el que siempre te saluda
- Con el que llegó tarde al culto, se sienta a tu lado casi empujándote y luego se pone un insecticida por perfume, casi te intoxica y no te puedes mover de asiento porque ya comenzó el culto o la misa y no quieres ser descortés (¡eres amable, fíjate!) aunque se te congestione la nariz por ello
- Y con el hermano de la iglesia que a veces no te saluda y otras veces tampoco
- También con los que siempre te abrazan.

4. Cultiva esas relaciones y cultiva amistades. Cuando quedé embarazada y me ordenaron reposo, un sábado se presentó Eneida García en mi casa con el autocompromiso de que ella iba a limpiar mi hogar cada dos semanas mientras estuviera embarazada. Ella era participante de las actividades de un grupo de solteros, viudos y divorciados que había creado (*Solteros Cristianos en Acción,* 1987-2000) y como tal yo la conocía. Sin embargo, ella cuenta que hizo este compromiso porque yo había sido de bendición a su vida y que ella estaba más que agradecida. ¿Cómo, de qué manera fui de bendición? Todavía no lo sé. Luego del parto, Eneida continuó por varios meses con su compromiso. Al día de hoy es alguien con quien siempre puedo contar.

Más tarde Eneida fue hospitalizada y operada. Yo no le correspondí de la misma manera y me estaba pesando. Entonces compré 24 rosas amarillas, una caja de merenguitos y un buen libro. Se los llevé y pasé el día con ella. Le expliqué que no era lo mismo que ella había hecho por mí, pero... Estos son detalles que parecen de pareja.

Pero ¿por qué tenemos que esperar que alguien del sexo opuesto nos mime? Amémonos primero y aprendamos a expresar nuestro amor y agradecimiento a los demás.

    Carter y Edward son dos pacientes de cáncer a quienes los médicos estiman que le quedan seis meses de vida, a lo sumo un año. Son totalmente opuestos y la vida de cada uno también lo ha sido. Carter es un hombre sencillo, de la raza negra, económicamente poco menos que estable (la enfermedad consume el dinero además de otras cosas), con más de cincuenta años de casado, cada día su esposa y a veces su hijo le visitan. A su lado está Edward, un hombre blanco prepotente y presumido. Es el dueño del hospital y como él mismo dice, el dinero le sobra; se ha casado unas cuatro veces; tiene una hija con quien no tiene comunicación y sólo lo visita su asistente. Carter lleva consigo su lista de sueños a la cual claudica, pues cree que ya es tarde y que no podrá hacerlos realidad. Tira su lista al zafacón, pero cae al piso y Edward la recoge. Carter le hace un comentario de resignación y Edward le dice "*Jamás es tarde*" y añade a la lista sus sueños. Luego de resolver algunas desavenencias, empacan maletas y se van a cumplir sus sueños. Mientras los van cumpliendo toman su lista arrugada y van tachando cada sueño cumplido. En el camino se enojan, disfrutan, gozan y aprenden uno del otro. Eran dos personas desconocidas cuyas vidas eran muy distantes; pero fueron complemento uno del otro y encontraron un denominador común: su plazo de vida. Uno decide unirse al otro. Esto pasa en la película "*Bucket List*". Así es la amistad, así son las relaciones: decisión. Decide cultivar las tuyas.

5. Evalúa tus hábitos y establece unos que te produzcan resultados positivos, sobre todo los deseados.

¿Por qué ni un piojo se me pega?

Hay varias cosas que me transportan, me vacilan, me deleitan y para mí, son regalos que me recuerdan lo mimada que me tiene mi Señor y Su Grandeza. Una es el arco iris, me cautiva la luna-- usualmente la busco y la contemplo con mi hija--y

> "La diferencia entre los fracasados y los exitosos es la diferencia de sus hábitos. Me formaré buenos hábitos y seré esclavo de esos hábitos."
> Og Mandino[49]

la otra es la lluvia. Claro, como toda mujer digna no me hable de lluvia un día con prisa, saliendo de mi hogar (regresando es otra cosa) bien vestida, retrasada en el horario y bien peinada. Pero mi mejor regalo cuando estoy en mi hogar a mi ritmo es la lluvia. Entonces animo a mi chica a irnos a los alrededores a jugar con la lluvia o simplemente contemplarla y hablar bajo la lluvia, o veo televisión. Si es lluvia prolongada, me voy a la terraza al sillón debajo de la cortina de lona a disfrutarme ese espectáculo regalado especialmente para mí a aproximadamente un pie de distancia.

Un día en que mi Señor me regaló lluvia mientras hacía mis ejercicios en mi balcón, a la distancia llamó mi atención un joven (creo) en su rutina de caminar por el vecindario con una sombrilla. Esto es un claro ejemplo de lo que es tener buenos hábitos, ser esclavo de ellos y tener persistencia. Otros, tal vez ese mismo día, utilizaron la lluvia precisamente como excusa para no hacerlo. Haz una lista de tus hábitos. ¿Cómo están tus hábitos? ¿Alguno que merezca cambiar? Cuando tienes una situación difícil, ¿pierdes el tiempo mirando al horizonte con tu mente en blanco? ¿Tienes una lista de soluciones o alternativas? ¿Tus hábitos reflejan tu enfoque para ir tras tus metas?

---

[49] En su libro "best seller" *El vendedor más grande del mundo*.

6. Haz un inventario sobre tu vida y busca aquellas experiencias de las cuales has aprendido y que cuando miras atrás sientes satisfacción y deleite a pesar de algunas circunstancias adversas que todos en algún momento pasamos.

7. Camina como una persona victoriosa. No es poseída, ni altanera, ni arrogante. Eso no es. Una cosa es seguridad en ti misma, la persona, y otra es ensimismarse. No confundas, pues no tendrás los mismos resultados. Una de las cosas que mayor atrae al sexo opuesto es la seguridad que una persona proyecta. La gente segura de sí atrae. No dije la gente atractiva, preciosa, galán de televisión, el hombre más guapo del universo, el mejor vestido o la mejor vestida, NO, la gente más atractiva es precisamente aquella que luce y se conduce segura de sí misma.

8. Establece metas a corto y largo plazo. Enfócate hasta alcanzarlas. Que nada te distraiga. Algunos las establecen de un año. Un año o más es a largo plazo. Corto plazo sería menos de un año. En una ocasión leí la sugerencia de fijarse metas semanales. Entonces me di cuenta que en muchas ocasiones las he hecho diarias, sí, metas diarias. Cuando tú haces una lista de todo lo que tienes que hacer en un día, son tus metas para ese día. Créeme que hay gratificación personal cuando tú comienzas a tachar lo que ya has completado. Así funciona con las demás, las metas de una semana, un mes, un año, cinco años. Escríbelas. Establécete, fortalécete y enfócate. Cuida de no desenfocarte, pues muchas veces nos desenfocamos, no en un área, en muchas áreas de nuestras vidas y a veces hasta nos saboteamos nosotros mismos. Cabe mencionar que en ocasiones al pasar el tiempo y repasar nuestras metas, tal vez ya no sea importante para nosotros completar alguna, tal vez alguna cambió. Es válido, siempre y cuando el

cambio no sea producto de cambios de ánimos o de la inconstancia.

Cuando vemos la historia de Henry Ford vemos que luego de cursar sus estudios primarios, su padre entendió que su sucesor tendría mayor provecho en su granja. Un día en que ambos salieron a Henry le llamó la atención la locomotora al punto que se detuvo para hablar con el mecánico. En contra de su padre, a los 17 años se fue a estudiar aprendiz de mecánico, un curso de tres años que él hizo en menos de uno. Trabajó como Ingeniero Mecánico en la Sociedad de Electricidad de Edison donde más tarde le ofrecieron un puesto directivo con la garantía de un futuro sin problemas económicos. Tenía que renunciar a sus investigaciones en el campo automovilístico y consagrarse a las prácticas de la energía eléctrica, la cual se convertiría en la única fuente de electricidad. Para cualquiera esta oferta no hubiese sido ni siquiera tentadora. Era una oferta a la que sólo se podía responder en la afirmativa. Sin embargo, Henry Ford la rechazó. ¿Por qué? Porque estaba enfocado en lo que él quería y lo que hacía: su pasión por los automóviles.[50]

9. Aprovecha el consejo de los viejos y aún de los que han errado, no dije de los que llevan la vida loca. Hay gente que te puede aconsejar por conocimiento adquirido; otros lo harán a base de sus errores

> *"Así que, el que piensa estar firme, mire que no caiga."*
> 1 Corintios 10:12

porque ellos los cometieron y te pueden prevenir para que tú no caigas en lo mismo y otros lo harán a base de sus vivencias.

---

[50] *Mi Primer Millón*, página 51 en adelante.

10. Pon tu vida espiritual en orden (más adelante ampliamos este tema).

11. Sazona tu vida. Añade chispa a tu vida de soltero.

   a. Incorpora nuevas actividades o actívate en algún grupo de solteros, de lectura o de algo que te interese y motive.
   b. Sonríe y ríe, sino sabes hacerlo, aprende.
   c. Cultiva tu sentido del humor.
   d. Deja de hablar de lo negativo—En cada conversación procura compartir algo positivo, no ilusorio, que se vea un lado positivo.

12. Mantente ocupado. Mantenerte ocupado también es recomendable antes, durante y después que aparece tu pareja. Hay personas que su vida es del trabajo a la casa y si ambos son así no hay problemas mayores. Pero cuando uno tiene una vida activa y la otra persona no, la que no la tiene tiende a absorber al otro y éste puede sentirse incómodo en la relación.

13. Determínate a vivir una vida como un soltero de valor.

   a. Define qué quieres en una relación y
   b. Cómo quieres que ésta se conduzca. De esta manera será más fácil hacer uso del dominio propio.
   c. Sé feliz sin importar tu status civil, olvídate de ser el más guapo, el más alto, el más…sé el más feliz; contagiarás y atraerás a otros.
   d. Sé firme, leal y fiel a tus principios. Estos no cambian aunque tal vez parezca que en nuestra sociedad haya una decadencia de ellos. Y aunque así fuera, esto no quiere decir que tú estás igual y

que te conduces según la corriente. Si tus valores y principios están arraigados y bien definidos, mantente firme especialmente en tus posibles relaciones de pareja. Estamos de acuerdo, puede ser difícil pero no imposible. Y la satisfacción que sientes cada vez que logras respaldar aquello por lo cual verdaderamente crees, no tiene precio.

e. Valórate. Hay veces en que nosotros mismos nos saboteamos. Nos saboteamos para agradar a la otra persona y ¿sabes qué? quién nos ama va a respetar y valorar nuestros principios, no nos va tratar de seducir, nos va a respetar. Si la persona no te respeta, tú sí te haces respetar. Y aún si has caído, sólo arrepiéntete, recibe Su perdón, recobra tu compostura y regresa a tus valores.

14. Fortalece tu autoestima. Ámate.

a. Saca tiempo para ti.

b. Corrige y enmienda los errores pasados. No más repetición de ellos.

c. Toma la decisión de amarte, tal cual eres. No tienes que cambiar físicamente para atraer a alguien. En algún lugar hay alguien a quien le gustarás y te amará con barriguita o sin ella, con cabello lacio o crespo, con huesos o kilos demás, hay alguien que te ama o te amará tal cual eres. Espera y confía. Ten amor propio. A veces nuestras acciones no reflejan amor propio:

   i. Teniendo el discernimiento no escogemos lo que es mejor para nosotros.
   ii. Nos conformamos con nada en lugar de esperar confiadamente a que se cumplan

Sus promesas no en nuestro tiempo sino en el Suyo.

iii. Le damos nuestro tiempo, sueños y pensamientos a quien no nos ofrece lo mismo. Claro está, en la vida nos relacionaremos con gente a quien vamos a escuchar y tal vez, digamos, guiar; gente igual a nosotros y gente que nos inspirará a nosotros. A todos de alguna manera los necesitamos. Los primeros en cierta medida alimentan nuestro ego, pero igual nos puede restar energías. Los iguales también alimentan nuestro ego pues nos hacen sentir que estamos bien, que somos normales y de los últimos también necesitamos para continuar. En cuestión de amistades, de gente del día a día, ¿con quién quieres pasar más tiempo?

d. Cuida tu salud, incluyendo tus dientes. ¿Acaso no estás esperando que alguien se te pegue? Pues espéralo en tus mejores condiciones.

e. Ejercítate (siempre bajo supervisión médica). Los que tienen hijos no deben utilizar la excusa de que al día siguiente hay escuela y que no pueden acostar tarde a los niños. Haz un área de ejercicios en tu hogar. ¡Se puede!

f. Lee. Tal vez no tienes el hábito, pero lo puedes desarrollar hoy. *"¡Jamás es tarde!"*

15. Sirve, ayuda a otros. Siempre he creído que uno de los grandes privilegios y beneficios que mayor satisfacción brinda al ser humano es servir. De hecho alguien dijo:

"Si quieres ser feliz durante un rato, pesca;
Si quieres ser feliz durante un mes, cásate;
Si quieres ser feliz durante un año, sé millonario.
Pero si quieres ser feliz toda una vida, sirve."

Sin lugar a dudas, si quieres darle sentido a tu vida de soltería, sirve. ¿A quién? ¿a dónde me dirijo? Quizás tan cerca como tu familia, tu vecino, tu compañero de trabajo, tu comunidad, tu iglesia, un hogar...busca opciones. Será una experiencia que con toda probabilidad no te dará compensación económica; sin embargo, la gratificación que sientes es de valor incalculable. Te sientes super-mega-extra bien, contigo mismo y de eso se trata ¿no?

16. Entrénate para... Tengo una compañera de trabajo que nos confiesa que es poco afectuosa con sus padres y que no le gusta ser así. En una ocasión le dije, *"empújate a hacerlo"*. De igual manera, hace muchos años yo me di cuenta que yo no era afectuosa, que no le decía a mis padres que los amaba. Decidí cambiar y los cambios cuestan. En estos casos de cambios en el comportamiento cuesta esfuerzo pero si estás determinado, lo lograrás. Y cuesta porque no es sólo lo que vamos a hacer sino el "feedback" que vamos a recibir. Si lo comentan, nos podemos sentir y, tal vez, si no lo comentan, también podemos sentirnos. Esa complejidad nuestra de seres humanos. Actualmente, cuando voy a casa de mis padres los abrazo, los beso y les digo cuánto los amo.

Trabajando en el ministerio aprendí a abrazar a la gente (a veces puede ser malinterpretado por el sexo opuesto), a tutear a la gente mayor (los hace sentir más jóvenes) sin faltar el respeto, claro, y aprendí a dedicarle atención al que me está hablando primero cuando llegan cinco que me quieren hablar a la vez. Algo que también aprendí y fue con mi mentor, el Dr. Bill Méndez, fue a decir personalmente te amo. Algunos dicen que *"te quiero"* es posesivo y que te amo abarca lo que es la esencia del amor, Dios es amor y si está en nosotros ¿por qué no expresarlo? Resulta que los que trabajamos con grupos, muchas veces hablamos en nombre del grupo siendo esto más impersonal: *"te amamos"*. Aprendí a ser más personal diciendo *"te amo"*. Claro está, repito, con respeto y sin dar lugar a malas interpretaciones. Pues aunque sabemos que hay diferentes tipos de amor (filial, fraternal, eros, etc.) tal vez algunos lo desconozcan y piensen que el decir amor es sólo para parejas. También existe la realidad de que no podemos dar lo que no tenemos, pero podemos autoadiestrarnos. Muchas veces depende de cómo hayamos sido criados.

Pero para todo eso me entrené (uno se entrena practicando). He identificado que mi vida es una de rutina y de constante prisa. Prisa por la mañana, por la tarde; escuela, baño, come, acuéstate. Siempre hay prisa y me frustraba el hecho de que se me pasaba el tiempo sin casi compartir con mi niña. Tengo una terraza que casi no disfruto. Así que decidí tomar diez minutos diarios para brincar cuica y bailar "hoola hoops" con mi chica allí. Ella es buena en ambos, yo opté por el "hoola hoops". Los niños atesoran eso, TIEMPO. Me estoy entrenando en sacar tiempo para disfrutar mi terraza, mi niña y mis sillones. De hecho, competimos en "hoola hoops" contra unas 30 personas. Llegamos entre las últimas seis. Dicen que estuvimos bailando "hoola hooops" durante más de 30 minutos. Valeria ganó el quinto lugar. Su madre, yo, gané el segundo. Sin intentar justificarme quiero decirte que la que me ganó yo le llevaba una pequeña diferencia de solamente 40 años. O sea, que en mi única categoría, yo gané. (Oh yeah! Oh yeah! Oh yeah!)

A través de toda la lectura, hemos mencionado que rías. Entrenarnos para ser felices y salir del hogar con una sonrisa es entrenamiento. Trabajar con las deudas para ser libres de ellas, asumir o cambiar conductas o comportamiento, identificar actitudes y trabajar en ellas, hacer amigos, cambiar nuestra rutina, enfocarnos; todo ello es y requiere entrenamiento.

17. Cuando alguien que te agrada del sexo opuesto aparezca en tu escenario concéntrate en la amistad. Pensar en amistad es una llave para el nacimiento de una nueva relación. Pero muchas veces el soltero está tan ansioso por encontrar pareja que lo manifiesta en todo. Somos solteros...estamos solos. Sin embargo, hay un universo de otras relaciones en el día a día, concentrémonos en esas. Recuerda que cada etapa de la vida es digna de ser vivida con dignidad y debemos escoger vivirla así, dignamente.

18. Únete a gente con tus mismos intereses. Si tienes grandes planes, únete a gente con visión. Gente que se alegre de tus planes y de tus logros. Si no tienes grandes planes, busca gente con intereses similares. Daisy Cruz tenía un profesor que decía que *"Hay personas anclas y hay personas velas. Las personas anclas te estancan; las personas velas te impulsan."* Necesitamos rodearnos de gente que empapen positivamente nuestra vida, no que la sequen.

¿Estás motivado? Así mi amigo Bill Méndez comienza sus saludos y conversaciones. Motívate y únete a gente motivadora. En cierta ocasión, luego de lograr algo que mi sobrina preferida [51] creía imposible, la llamo y pavoneándome le digo: *"Para tu información y mi*

---

[51] *Psss! Es la única.*

satisfacción personal me place decirte...". Ruthy con maravilla, gozo y convicción en su tono, me contesta: *"Tití, ¡eres la mejor! La vida te ha dado muy poco, deberías estar gobernando este País...la vida te ha dado muy poco."* Sé que las palabras de mi querida Ruthy son figurativas. Pero ¡qué excelente manera de dar ánimo, apoyar a uno y ponerlo a pensar! ¿Te imaginas si uno las toma literalmente? Es una inyección de motivación. De vez en cuando, digiérelas para ti. Habrá gente querida que no tendrá tu misma fe. Un día de esos que llegaría tarde a mi casa, me lamenté de no llevar conmigo frutas para comerlas mientras Valeria tomaba sus clases extra-curriculares. Al salir a almorzar con una compañera, me detengo ante el semáforo (rojo, por supuesto) y tengo al lado un revendón con sus racimos de guineos ya agrupados. Le digo a mi compañera que pediré que me venda dos guineos. Mi compañera me dijo que era imposible, que él no iba a venderme dos guineos, además estaban todos agrupados con cinta adhesiva. Gentilmente saludé y le mostré al revendón el dinero a la vez que le pedía por favor que me vendiera dos guineos. ¿Saben qué? Mi amiga tenía razón. No me vendió los guineos. ¡Me los regaló! Claro que se lo agradecí. Pero ¿te fijas? Primero, *"lo que es imposible para el hombre, es posible para Dios."* Segundo, tenemos que tener cuidado con lo que oímos. No es malo escuchar, pero siempre va a ver alguien querido y no querido que no tendrán nuestro nivel de fe, la visión completa de nuestros sueños ni la compartirán. Y nos pueden desanimar. Ante las palabras de mi compañera yo pude no haberlo intentado. Esta anécdota es solamente eso, pero qué tal cuando otros te dicen que no puedes cuando tú crees que sí puedes, pero escuchar el "NO puedes" puede hacerte desistir. Puedes escuchar el "NO puedes", obviarlo y seguir actuando hacia lo que quieres alcanzar. Tú decides. Pues, a pesar de ello, podemos lograr lo que deseemos si tenemos pasión, convencimiento o, mejor aún, ambas cosas.

Asimismo, alégrate y contágiate con el triunfo de los demás. No sólo compartimos las penas de los amigos, también sus triunfos. Hay gente que en lugar de alegrarse, se aprovechan "*oye, ¿no habrá otro para mí?*", no te felicitan, ni se alegran ni disfrutan el momento contigo. No a la envidia; sí a la motivación y a disfrutar la alegría de los logros propios tanto como el de los demás.

19. Determínate ser feliz aunque las circunstancias no sean las deseadas, aunque no ha sido como lo soñaste, aunque las cosas no son como las visualizaste; independientemente de las situaciones adversas que se asoman y hasta dicen presente es tu vida y tienes que vivirla. Actúa si hay algo que hacer, ora y decide que esta efímera vida no puede ser vivida con coraje, decide ser feliz.

20. Repite, repite, repite todo lo que te ha dado resultados positivos.

Preguntas:

1. ¿Ha cobrado algún sentido tu soltería?

_____

_____

2. ¿Qué añadirías a la lista (que yo no haya incluido)?

_____

_____

3. ¿Cuál de las mencionadas practicas?

   _____

   _____

4. ¿Has identificado las áreas en que requieres entrenamiento?

   _____

   _____

5. ¿Puedes identificar acciones o conducta que te han dado resultados positivos? ¿Cuáles?

   _____

   _____

Pon tu vida espiritual en orden

"Creo en Dios y creo que a través de la plegaria se puede alcanzar el amor de Dios." Así comienza la parte del libro *Mi Primer Millón* dedicada a Conrad Hilton, el hotelero más grande del Mundo. [52] El reunía a sus empleados cada mañana a la misma hora para orar y hacer peticiones. Tan pronto sus peticiones eran contestadas, volvía a reunirlos para dar Gracias a Dios. Por otro lado, Henry Ford, sí, el de los automóviles, dijo: *"Todo es posible. La fe es la sustancia de aquello que esperamos, la*

---

[52] *Mi Primer Millón*, página 368.

garantía de que podremos realizarlo". [53] John D. Rockefeller, uno de los hombres más ricos del mundo, reconocía que Dios le había dado el dinero. Decía que su inmensa fortuna era un *don de Dios para beneficio de la humanidad*, por lo cual se dedicó a la filantropía. [54] También desde su juventud comenzó a ofrendar a la Iglesia y continuó haciéndolo aún en su riqueza. De hecho estudios reflejan que tienen una vida más larga y satisfactoria aquellas personas que tienen una iglesia donde congregarse; o sea, aporta salud—no sólo física—sino también espiritual y emocional.

En esta breve información compartida en el párrafo anterior encuentro lo siguiente:

1. Reconocimiento de la presencia de Dios en sus vidas.
2. Reconocimiento de que lo que tienen proviene de Él.
3. Agradecimiento a Él.
4. Congregación. Es difícil tener una vida espiritual plena si no se nutre el espíritu a través de la Palabra de Dios.
5. Ofrendan.
6. Larga vida (beneficio).
7. Salud (beneficio).
8. Todo está a nuestro alcance.

Así que sobre todas las cosas la vida espiritual debe ser atendida. ¿Cómo comenzar? Dándole el primer lugar a Dios. El estará contigo, te ayudará a lograr lo que te propongas. Grandes personalidades de todos los tiempos siempre reconocieron a Dios en sus vidas. Y tú que

---

[53] Idem, página 65.
[54] Idem, página 324.

también eres una gran personalidad de este tiempo ¿tienes a Dios integrado a tu vida?

El gran Yo Soy

Para algunos, verse realizado incluye uno o más de lo siguiente:

1. copas de vino o bebida embriagante
2. drogas
3. lujuria
4. tener pareja
5. sexo
6. vida desordenada

Quien depende de ellas para verse realizado no acepta su dependencia. Algunas no son malas en sí, sino cuando se usan fuera de control. Y muchas veces se utilizan para llenar momentáneamente un vacío dentro de sí. Sin embargo, quien único llena esa sensación de vacío existencial en el hombre o la mujer es nuestro Señor Jesucristo. Cuando la entrega a Él es genuina, opera un cambio en el ser humano, en su modo de pensar, conducirse, proyectarse y sentirse. Es lo que Pablo llama *una nueva criatura*.

Entonces en tu soledad, en medio de tanta ausencia de apoyo, sostén o amistad reconoces que la alternativa que tanto has escuchado y te has negado es Dios. Reafirmas que ciertamente es Él quien nunca falla y es la única dependencia aceptable. Él siempre ha estado y está ahí. Como también lo estuvo en los procesos en que te acompañó brindándote tremendos hermanos en Cristo. Te ha mantenido fuerte, esforzado y valiente y que nadie puede decir que tu ánimo ha decaído; te has mantenido de pie. Es más, a fin de cuentas nadie puede ayudarte a levantar porque—aunque tropezaste—no te has caído porque Dios te ha sostenido. *"Echa sobre Jehová tu carga, y Él te sustentará."*[55] ¡Qué grande es Dios! Claro, Él es Dios.

¿Cómo iniciar mi relación con Dios?

1. Busca de Él. Congrégate en una Iglesia que se predique Su Palabra. Puedes Conocerle a través de la Santa Biblia. Congregarte es lo que nos manda en Hebreos 10:25. Al congregarte en una iglesia, encontrarás gente igual que tú, imperfecta que está buscando llenar su vida espiritual en el lugar idóneo para ello. Hay un sin fin de denominaciones porque hay un sin fín de personalidades y una de esas iglesias satisfará tu necesidad particular.

2. Lee Su Palabra, la Santa Biblia. Muchos sugieren comenzar por los Salmos, Proverbios o Eclesiastés. A mí me gusta mucho las historias narradas en Primera y Segunda de Samuel, las epístolas y Eclesiastés. Una de mis favoritas es la historia de José. Además de todo lo que le aconteció y como Dios estuvo con él, fíjate que era soltero, fue abiertamente tentado y huyó de la tentación por fidelidad a Él. La Biblia es un manual de instrucciones para nuestras vidas. Su contenido aplica totalmente al día de hoy y, lo que es más, estarás leyendo el primer "best seller" de todos los tiempos.

3. Si buscas un grupo de apoyo para solteros, viudos y divorciados, búscalo dentro de la Iglesia. Estos también están buscando fortalecer su vida espiritual. Recuerda que no son perfectos, ¡en fin! nadie lo es. Pero sin duda alguna, buscar este apoyo entre iguales será de bendición a tu vida

---

[55] Salmo 55:22.

aún más cuando todos tienen a Cristo en su corazón. Después de todo, ¿quién sabe..?

4. Ora. La única forma de hacer amigos es pasando tiempo con los conocidos. La única forma de estrechar lazos de amistad es pasar tiempo con los amigos, compartiendo alegrías y penas, derrotas y triunfos, llorar y reír juntos. Asimismo puedes acercarte más a Dios a través de la oración. La lectura bíblica te ayudará a Conocerle, la oración te ayudará a tener comunión con El Eterno. No se requiere de palabrerías rebuscadas, sólo requiere que Le abras tu corazón y seas espontáneo. Sé tú, auténticamente tú. ¿Pasos a seguir? No se requiere ningún bosquejo, pero sí de todos modos necesitas guianza, veamos ésta:

    a. Alabanza. Comienza Alabándole. *"Lleguemos ante Su Presencia con alabanza;..."* Salmo 95:2.

    b. Agradecimiento. Dale gracias. Hasta por ese mismo tiempo que tienes para entrar en Su Presencia. Por el nuevo día. Por un día radiante. Por un día de lluvia. Por todo lo que tienes. Porque has crecido, madurado, por tus vivencias, por.... *"Gracias te damos, oh Dios, gracias te damos...los hombres cuentan tus maravillas."* Salmo 75:1.

    c. Preséntale, entonces, tus peticiones. *"Y esta es la confianza que tenemos en Él, que si pedimos alguna cosa conforme a Su voluntad, Él nos oye. Y si sabemos que Él nos oye en cualquiera cosa que pidamos, sabemos que tenemos las peticiones que le hayamos hecho."* 1 Juan 5:14-15.

    d. Cree. Ten fe. Jesús le dijo a Jairo: *"...cree solamente..."*[56] No le dijo: toma *un curso*, ni hizo

---

[56] Lucas 8:50.

una larga oración o predicación. Sólo le dijo esas dos palabras. Creer y tener fe van de la mano, además, *"Sin fe es imposible agradar a Dios;..."*[57] La esencia que nos mueve es la fe, creer; a fin de cuentas es lo único que nos sostiene.

Si con o sin pareja reconoces un vacío existencial que es provocado por la ausencia de Dios en tu vida, estás a tiempo de acercarte a Él. Dijo en Juan 6:37 *"...y al que a mí viene, no le echo fuera."* Fíjate que no dice *a los que no pecan, a los limpios, a los que se portan bien...no le echo fuera*. Sino que dice a cualquiera que a El viene. Si deseas abrirle tu corazón para que El haga morada en ti, te invito a hacer esta oración ahí donde estás:

Padre, Tu Palabra dice en Romanos 10:9-10 que si confesare con mi boca que Jesús es el Señor, y creyere en mi corazón que Dios le levantó de los muertos seré salvo. Porque con el corazón se cree para justicia, pero con la boca se confiesa para salvación. Gracias, Señor, por Tu palabra.

En esta hora, yo confieso que Jesús es mi Señor y creo con todo mi corazón que Dios le levantó de los muertos. Conforme a Tu Palabra, yo te doy gracias porque todos mis pecados son borrados, sepultados y perdonados por Ti y que todas mis cosas son hechas nuevas. Recibo el Espíritu Santo que es mi Ayudador. Y recibo como mías todas las promesas que están escritas en la Biblia. Gracias porque soy una nueva criatura. Gracias porque juntamente con la salvación recibo sanidad, prosperidad y paz interior. En el nombre de Jesús, Amén.

---

[57] Hebreos 11:6.

Sexta parte:

Hijos, amor y pareja

"Las deudas de amor con los hijos se pagan con intereses."
Bonifacio
(Maritere Vila)

Hijos, amor y pareja

"¡Ay qué difícil!" Pueden pensar algunos. *"Y, Ali, me lo haces más difícil con esa sentencia que comienza esta parte."* A cualquier edad el amor y el enamoramiento pueden llegar. Toma en cuenta de que el amor es una cosa y la etapa de enamoramiento es otra. Pero es vivificante cuando pasado los 40 creías que ya esto de una pareja era cuestión de una decisión y te das cuenta que de pronto te has enamorado. Las hormonas están ahí junto con las mariposas en el estómago. La rotación de la tierra parece haber cambiado de dirección. Flotas en la quinta nube. Y no se trata de que Cristóbal Colón o Américo Vespucio descubrieran a América sino de que tú a esta tierna edad descubriste que enamorarse no es cuestión de la lozanía de la juventud, existe a cualquier edad. Recuperas las energías, le sonríes a la vida (ella siempre te había sonreído y tú gruñendo con ella) y el universo te pertenece.

Vamos a referirnos a cuando reaparece el amor. Tomando en cuenta de que nos referimos a dos adultos maduros que saben que en el amor no se entra en competencia ni con la familia de la pareja, ni con la ex pareja, ni con sus hijos. Son tipos de amores diferentes. La clave aquí es de una parte que la persona sepa hacer un balance en su vida en la atención y lugar que otorga a cada protagonista de su vida tanto individual como familiar; de la otra, que tenga claro que no son las olimpiadas, pues no se entra a competir. En el amor, el lugar de cada cual no lo ocupa nadie más, sino cada cual. Es claro.

Es probable que a nuestra edad los hijos ya estén criados e independientes. Es muy probable. Pero las estadísticas demuestran que tan cerca como en los próximos diez a doce años vamos a tener una sociedad envejeciente. Habrá gente casándose y criando a una edad mayor, pasado los treinta. Tomando esto como referencia y si las estadísticas de divorcio continúan, no digamos en crecimiento, sino al ritmo que van, habrá más gente divorciada criando y volviéndose a casar. Entonces, para dar ese paso de compartir con una persona el resto de tu vida ya no se trata de que sólo el amor es lo determinante, son los hijos en el día a día y esa pareja que llegará a formar parte de tu hogar.

Si eres divorciado o te casas con una persona que lo es, hay que entender que:

- El divorcio de los padres siempre afecta a los hijos independientemente de la edad de éstos;
- En la mayoría de los casos los hijos albergan la esperanza de que sus padres vuelvan a unirse. Esto es algo con lo que no deben luchar las parejas siguientes, sino aceptarlo sin establecer una guerra fría.
- Por regla general, los niños siempre anhelan tener una composición familiar completa (madre, padre—en el caso de solteros entonces sería padrastro o madrastra--e hijos) aún cuando al aparecer alguien, muestren celos. En gran medida esos celos son normales.

Compartir con una pareja cuando hay hijos de otra relación es un asunto que no se puede tomar a la ligera. Es para toda la vida. Es un compartir día a día. Los hijos de por sí son para toda la vida. Ya has tenido relaciones que entraste a ellas pensando que eran para toda la vida y, lamentablemente, no fue así. Lamentablemente por lo que sea, porque algo no funcionó y se rompió. Tal vez alguien diga *"pero a mí me convenía que se rompiera"*; sí, pero cuando la relación comenzó no era eso lo que pensabas. No quieres otro rompimiento. Ahora quieres una relación que sí, sea la que te acompañe hasta el final de tus días. No es un asunto de tomar a la ligera especialmente cuando hay hijos.

¿Y los hijos? Los hijos son una relación para toda la vida y hay momentos en el hogar en que todo marcha bien. Hay momentos en que crees que al salir del trabajo ha finalizado tu jornada diaria y así es porque todo fluye rutinariamente bien. Pero hay momentos en que con esa misma creencia de haber terminado con el trabajo al salir de él, es que comienza una dinámica particular: asignaciones, alguna situación particular en la escuela, clases adicionales, la prisa de que coman, se bañen y se acuesten a la hora señalada; hablar contigo de sus asuntos del día y orar. Y todavía no has probado bocado alguno, lo cual si estás hambriento produce molestia, te duele la cabeza y probablemente altere tu carácter. El soltero padre custodio se siente fatigado, exhausto. No es para menos. Y para colmo una vez acuesta a su descendencia, su escenario es: agotado y **s o l o**. Pero no ha terminado ahí, todavía falta él. Recoger, preparar la merienda, tal vez comida y vestimenta para el día siguiente, bañarse, probar algún comestible, cuadrar cuentas o algún otro asunto pendiente de atender y otras particularidades del hogar.

Para la persona que no tiene la custodia y que ve a su descendencia en fines de semana alternos, lo cual equivale a meramente a unos seis días de treinta que tiene el mes promedio, eso no es gran cosa en cuestión del ajoro, rutina, dinámicas de interrelación y todo lo que conlleva su crianza. De hecho en estos casos ocurre con frecuencia que cuando los hijos vienen a su hogar siempre se reciben de plácame, se complace a ciegas a los hijos y se les permite algunas conductas que debieran ser corregidas. Esto se hace equivocadamente porque, como ellos no están físicamente todo el tiempo, muchas veces el padre de fin de semana cree que el complacerlo y ser permisivo compensa la falta de amor o de su presencia en el crecimiento y avances diarios del hijo. Si llega una pareja para este padre, no sufrirá grandes retos y la relación puede fluir.

Ahora la otra parte, el padre custodio. Que quede claro: en ningún caso--soltero, viudo, divorciado, con hijos o sin ellos--la selección de la pareja puede ser tomada a la ligera. Se requiere tanta o más precaución cuando esa pareja es quien tiene la custodia de esos niños. O de otra forma, cuando tú eres quien tiene la custodia debes ser una persona muy cuidadosa al momento de formalizar una relación. El amor es lo que nos mueve, de acuerdo. El amor es lo más saludable para el ser humano, creo que fui yo quien hice ese descubrimiento; sé de qué estamos hablando, de acuerdo también. Pero cuando tienes hijos tienes que estudiar muy bien a quien será tu pareja. Tú no quieres que tus hijos se afecten negativamente y tampoco quieres que tu pareja se sienta marginada y mucho menos que tu corazón termine lastimado. Lo ideal y se puede lograr, es una integración de todo el núcleo familiar. Cuando no hay situaciones difíciles, fantástico, pero cuando éstas ocurren es que sabemos quién es quien. Y si tu pareja está dispuesta a seguir la relación cuando las cosas fluyen armoniosamente y se desaparece, gruñe, interviene negativamente o sencillamente no puede lidiar con ello cuando surgen las diferencias, es hora de sacar la bandera de ALERTA. Porque como dije anteriormente el matrimonio de por sí (con hijos y sin éstos) traerá sus diferencias, cuando hay hijos éstas no desaparecerán sino que añadirá algunas otras. Y ¿sabes qué? No es para susto. Es normal. Esto ocurre en todas las esferas de nuestra vida.

¿POR QUÉ NI UN PIOJO SE ME PEGA?

En el trabajo, con el vecino, todo se basa en relaciones y siempre habrá diferencias. De hecho las hay con tus padres, hermanos, tíos y primos y por eso no dejan de amarse, de respetarse, de admirarse y, sobre todo, de ser familia. Pero a la hora de establecer una relación con una persona con hijos (o si eres tú quien los tiene) hay que estar consciente de todo lo que ello implica.

Recuerdo que entre los libros que leí mientras estaba embarazada, un sabio consejo común era que *cuando las amistades te ofrezcan su ayuda, no delegaras los cuidados del bebé. Si querían ayudarte, pues que fuera en las tareas del hogar, alguna diligencia, algo que tuvieras que hacer o en aquellas cosas que con la atención del bebé estabas imposibilitada de atender. Ellos te ayudan en lo demás y a tu bebé lo atiendes tú.* En ese tiempo es que se están fortaleciendo los lazos, el vínculo, madre-hijo y padre-hijo, también. La crianza de nuestro hijo es indelegable. Cuando me divorcié, alguien me dijo que me fuera cerca de mis padres para que me ayudaran en *esto y lo otro. Esto y lo otro* era con mi hija. Le dije a la persona que sí me gustaría irme a vivir cerca de mis padres, pero no para delegarle mis responsabilidades pues ya ellos criaron y, además, no podía delegar lo que a mí me correspondía. (Además de que mudarme cerca de mis padres, sería alejar a mi hija del suyo y eso también hay que tomarlo en cuenta. No es el tema pero tal vez alguien necesitaba leerlo.) No estoy diciendo que en algún momento particular otros allegados te ayuden en su cuido, pero que sea la excepción y no la regla. Y así mismo con la pareja que venga a formar parte de tu hogar. ¿Sabes? Estamos en la era del reciclaje y, aunque el reloj siempre da la misma vuelta, el tiempo no se recicla. La vida de tus hijos es tiempo y éste no regresa. Pero como dije es cuestión de estar alerta y ser paciente. Hay personas que tengan hijos o no, no quieren unirse a personas que los tengan. Eso es válido siempre y cuando no anden por ahí ilusionando a otras para luego decir adiós. Si sabes que no puedes con eso, ni te acerques. También, hay personas que tengan o no hijos son extraordinarias como colaboradores no sólo en el hogar sino con tus hijos. Tal vez te muestren aspectos que tú miras y no ves, oyes y no escuchas porque entre tanta rutina diaria no puedes hacerlo. Quizás te dé una sugerencia que aunque aprecias, no aceptas, aún así respeta eso de ti y continúa dándote su apoyo. O te ayuda en amor a reconocer que tienes que bajar tus revoluciones y te ayuda con ello. Y al final del día te ofrece ese hombro que necesitas y comparte no sólo tu mejor lado sino tus luchas ayudándote a minimizarlas. O te dé una tacita de tu bebida relajante favorita. O tal vez no te dé la tacita de tu bebida relajante porque sus palabras y sus acciones son más que eso. Y cuando llegue esta pareja a tu vida, recuerda que no eres tú el único vaso a llenar, esa otra persona también necesita de ti, reciproca. Mientras tanto, hay esperanza. Sé paciente.

Dos errores frecuentes entre las parejas con hijos de ex:

1. Resolverle todos los asuntos relacionados con sus hijos. No liberes al padre (o madre) de su responsabilidad. Puedes ser facilitador y eso sí que lo necesitan. Las citas médicas, sus gastos, sus compromisos son responsabilidad de cada padre. Si tú estás allí, fantástico, pero cuidado con asumir total responsabilidad, pues en lugar de ayudar puede provocar un efecto invertido posteriormente.

2. Interferir entre las decisiones de tu pareja y su ex cónyuge con relación a los hijos (claro, que no te afecten a ti como pareja). En una ocasión mi amiga, cuyo esposo tenía hijos de un matrimonio anterior, se encontró que la ex

esposa le pidió una mesada adicional para una necesidad imprevista. Ambos, comenzaron a discutir en cuanto a que el gasto le correspondía al otro. Mi amiga solicitó permiso para opinar y sugirió que ambos aportaran la mitad. Y así se hizo. Claro hay que ver lo que ella hizo:

- Solicitó permiso para intervenir.
- Les hizo ver que era un gasto imprevisto no presupuestado para ambas partes, pero sería fijo en adelante mensualmente.
- Sugirió que ambas partes pusieran la mitad del desembolso.
- Puso paz siendo facilitadora.

Claro, debes entender que no siempre será así. No siempre se permite la intervención aún con la mejor buena fe, lo cual hay que respetar; no se debe tomar de modo personal y sentirte ofendido porque no hicieron lo que tú querías. Tampoco se puede estar opinando todo el tiempo.

Las relaciones pasadas que tienen hijos serán relaciones para toda la vida entre los padres y madres de esos hijos y la relación actual no puede girar en medir fuerzas de poder o competencia con esa otra parte. Entrar en esos terrenos sería desviar las energías de una relación floreciente a una guerra emocional que no hace bien a ninguna de las partes. ¡Que siempre van a surgir situaciones! es totalmente real. Van surgir situaciones con hijos y sin ellos. Van a surgir en el noviazgo y es garantizado que sucederán también en el matrimonio. Por otro lado, no se puede permitir a una ex pareja que se tome atribuciones en la nueva relación de su ex, atribuciones que no le corresponden a no ser aquello que es concerniente estrictamente a los hijos habidos en aquel matrimonio. Ocurre también que, lamentablemente, hay parejas que luego del divorcio emprenden una batalla psicológica y, a veces, enfermiza con la otra parte (en la que muchas veces involucran a los hijos) y si estás con una pareja que trae esto en su equipaje, tienes que ver si estás dispuesto o no a seguir adelante. Hay que tener los pies en la tierra, en la realidad y no en fantasías ilusorias.

No obstante, hay mucha gente que le ha ido bien ¿por qué a ti no?

¿Qué de aquel padre divorciado que no permite que otra persona se le pegue y si se le pega sale corriendo?

A través del Internet me llegó esta pregunta. Entiendo que hay que respetar que algunas personas solteras no quieren unirse a personas que tienen hijos. Es válido y es encomiable que estén bien centrado en ello, que lo tengan claro. Porque al tenerlo claro no van a estar entreteniendo (se supone) a personas solteras que sí tienen hijos. Y eso hay que respetarlo.

De igual manera hay que respetar a aquellos solteros que tienen hijos, que tal vez participan de actividades de solteros para confraternizar y tener un grupo de apoyo, peeeeeeeeeeeero no desean establecer una relación de pareja. Hay padres solteros que se quieren dedicar a sus hijos y esto también es válido y encomiable cuando lo tienen claro. De igual forma, hay que respetarlo.

Claro que conozco casos de solteros sin hijos que se unieron a parejas con hijos y son felices por siempre aún cuando no tuvieron hijos propios.

Séptima parte:

Esa dichosa pregunta

"*Al primer amor se le quiere más,
a los otros se les quiere mejor.*"
Antoine de Saint-Exupery
Escritor francés 1900-1944

¿Cuál realmente viene a ser la pregunta?

Surge otra pregunta: *Realmente ¿queremos que se nos pegue alguien o pegarnos o hacer un feliz pegamiento?* En este momento de nuestras vidas, la persona que se nos pegue debe añadirnos a nuestra existencia. No es interés material y creer que siempre ha de ser luna de miel todo el tiempo (¡aunque no sería mala idea!), pero no podemos entrar a una relación con problemas de otro, con problemas pasados, con situaciones no resueltas porque el matrimonio de por sí traerá lo suyo. Las diferencias van a aparecer y un día se encontrarán. Esto me recuerda a una compañera de trabajo que se quería agrandar los senos. Era parte de un matrimonio joven de aproximadamente 12 años de casados, ambos en los treinta y pico, financieramente estable, con dos niños. ¿Qué piensas que le dijo el marido? A ver…piensa… *"Cuando seas viejita tendrás muchas razones para visitar el hospital, no añadas otra."* Yo quedé cautivada con esa respuesta del esposo de mi amiga. Considero que encierra mucho: madurez, sensatez y sobre todo amor. ¡Qué más que todo eso!

Dada la realidad de que no tenemos 19 años, no estamos para perder ni hacerle perder tiempo a nadie. Tampoco lo estamos para ser infelices, ni para agriarle la vida a nadie, pero tampoco lo estamos para permitir que nos vengan a agriar la nuestra. Soy del firme pensamiento de que en una relación no se entra a dar el 50 por ciento. Eso sería tener un área de reserva por si algo no funciona bien, lo cual a su vez es una gran dosis de desconfianza con la cual no se puede entrar a una relación sincera. A una relación se entra pensando en que lo mejor va a pasar. Creo que hay que dar el 200 por ciento, pero **no** estoy dispuesta a recibir menos de lo que también estoy dispuesta a dar. Que no todo será color de rosa, es garantía de vida, lo sabemos. Pero aún en el tiempo difícil estoy dispuesta a dar mi 200 por ciento. Es determinante identificar de igual modo qué por ciento esa persona que estás considerando como pareja está dispuesta a comprometer en la relación.

Todo el equipaje que una persona tiene merece una retrospección individual más allá de sí misma que debe examinarse antes de comenzar una relación, en su plano como "yo", el individuo. Y, aunque no estés pensando en relaciones de pareja, muchas veces existen aspectos que hay que cambiar <u>no para cuando llegue una persona a tu vida</u> sino por tu propio bien y crecimiento. Pero mientras estás solo no te vas a sentar en el balcón a esperar a que llegue esa persona, hay que vivir.

¿Cuál es la prisa?

"Soy mayor, sé lo que quiero." No se trata de saber lo que se quiere sino de estudiar a quien una persona considera unirse. Los grados alcanzados académicamente no se alcanzan en un año, requieren tiempo. Asimismo el tiempo mínimo de noviazgo que sugerimos es un año sin importar la cantidad de relaciones pasadas ni la edad de cada integrante de la pareja. Tiempo para la relación, repito para la relación, no es para planificar boda. No se trata de saber lo que se quiere en la vida. Muchos lo saben. Es cuestión de conocer lo suficiente a quien se considera pegar de manera que al tomar la decisión para el resto de sus días sea conociendo cómo reaccionaría cada cual ante diferentes situaciones, incluyendo las diferencias de criterio así como lo que le molesta al otro. De esta manera se logra minimizar los riesgos y disfrutar más el proceso y la relación.

¿POR QUÉ NI UN PIOJO SE ME PEGA?

Pero si la pregunta es porque nadie se te pega, tal vez, tal vez es válida la pregunta. Soy del firme pensamiento que si no ha llegado es porque no es el momento. ¿Cuántas relaciones has tenido y no han funcionado? Personas extraordinarias, algo tenían que resolver (ella o él, o tú). No era el momento.

¿Qué la espera es larga? Sé de qué estás hablando, me casé a los 37, en un tiempo en que la gente se casaba entre la edad de 19-23. Pero creo que no importa la espera, o mejor dicho, sí importa. Importa porque si has esperado hasta aquí ¿porqué precipitarte a lanzarte a una relación para toda la vida (ya sería la mitad de la vida o un chin más)? Mejor esperar... Tienes buena visión, sabes apreciar, disfrutar y recrearte en las cosas bellas de la vida incluyendo el sexo opuesto. Pero no hay porqué salir corriendo tras él.

¿Cuál es la prisa? Que se te va la guagua (la oportunidad de tu vida). Bueno veámoslo de esta forma: Estás en una parada de guagua. Tienes que estar en el pueblo Fe a una hora determinada. No pasa guagua (transporte) alguna. Llegó una. La tomas porque no viene ninguna y piensas *"tal vez pasa por allá"*. No investigaste, te subiste a la guagua. ¿Te imaginas coger la primera guagua porque no llega ninguna? ¿Te imaginas llegar a un punto contrario a tu destino? Ni siquiera llegaste a tu destino, te equivocaste y ahora no sabes qué hacer. Si te bajas en ese otro lugar, ¿qué harás? ¿Esperar que otra guagua pase? ¿Caminar a la deriva mientras piensas? Esto sin contar la energía negativa del coraje así como sentimientos frustrantes y de impotencia ante una decisión apresurada. ¿Es eso lo que quieres en una relación?

Hay sucesos que niegas. Le pasan a otros; no a ti. Enfermedades, divorcios, fallar, infidelidades, otros son los que comparten entre solteros mayores (tú no, a esa edad tú estarás felizmente casado). Pero muchas cosas en la vida son reciclables, les pasa a unos y a otros, y como las enfermedades, no escogen. Así es que una figura pública tiene novio. Planes de boda. Todo está listo para ese gran día. De pronto, se descubre que el individuo es casado. Como las enfermedades, divorcios, sucesos…no escogen; cualquiera está expuesto a ellos. No seas negligente con tu futuro. Sé paciente. Espera. ¿Qué importa esperar un poco más después de todo lo que has esperado? Se necesita tiempo, tiempo para conocer.

Una relación debe contar con un tiempo suficiente no para planear la boda sino para conocerse mutuamente, pasar tiempo juntos, conocer a la familia, sus amigos, gustos y las reacciones de ambos ante diversas situaciones especialmente aquellas difíciles; un tiempo que dé su espacio a la etapa inicial del enamoramiento, se vean tal cual son a la vez que le permita ver sus diferencias.

No quieres otro divorcio, otro corazón roto sino pasar feliz los años que te restan. Vale tomarte todo el tiempo necesario para compartir con esa persona tan especial y disfrutar plenamente esa etapa inicial.

¿Por qué quiero que un piojo se me pegue?

En toda situación debemos ver qué es lo que nos motiva y eso mismo lo debemos aplicar a la búsqueda o espera de una pareja: ¿por qué quiero o persigo esto?

♦ *Presiones de la sociedad*

1. Primera pregunta: ¿Por qué esa persona tan...está sola?

A mí también me han hecho esa dichosa pregunta: *¿Por qué esa muchacha tan... (las mil y una virtudes) está sola?* O esta otra: *"Ya tienes 35... ¿para cuándo lo vas a dejar?"* Estoy convencida de que *"Todo tiene su tiempo y todo lo que se quiere debajo del cielo tiene su hora"*[58]. Conozco esta escritura hace más de 20 años y no es hasta hace dos o tres que se ha hecho realidad en mi vida. Creo que hay que estar bien definido en lo que se quiere de manera que nadie se pegue a relaciones que, muchas veces de antemano, sabes que no son ni serán a lo que quieres pegarte. De todos modos, tómale el lado positivo a dicha aseveración; aunque no ha llegado un ser especial a tu vida (¡tal parece!), el resto del universo reconoce todo eso que eres tú y, después de todo, todos necesitamos reconocimiento.

2. Interpretación de relaciones

Una pregunta válida es ¿Por qué quiero que un piojo se me pegue? ¿Para satisfacer las presiones de la sociedad? ¡La sociedad! Este es un tema interesante porque eso que llamamos sociedad eres tú y soy yo; es éste, aquel y los demás. Es el vecino, la iglesia, cada compañero de trabajo,

---

[58] Eclesiastés 3:1.

los conocidos en el gimnasio, el cartero, el policía, el bombero, el ejecutivo y cada uno de los que te acompañan en las salas de espera. También, lo es cada uno de tus fieles amigos con quienes has compartido tus penas y alegrías (unas más que otras, claro), esos que están ahí cuando el mundo parece haber huido de tu presencia, esos son tus amigos. Tan fuerte como la sangre es la familia; ella es parte de la sociedad que te rodea y de la que eres parte. Es tu abnegada madre; tu padre gruñón, fuerte o amoroso; tu tía ejemplar, tu prima admirable, tu profesional padrino, tu tío alcahuete, hasta algún familiar cuya relación no esté en su mejor momento, tu amado sobrino y también tu hijo. Todos ellos componen la sociedad. Y esta sociedad como tal ejerce una presión a los solteros.

Luego del divorcio, mi amiga Ara solicitó a su ex marido, padre de su hijo, que le pintara su hogar y él lo hizo. Cuando llegó a hacerlo un vecino rápidamente le preguntó a él si había reconciliación. ¿Es que no puede existir una buena relación entre los ex sin que haya un pensamiento de pareja?

Y aquella sociedad compuesta por los más cercanos a nosotros también ejerce su presión. Lo interesante es que con toda su buena intención, sin maldad alguna en su corazón, lanzan su bola de fuego. Hay algo más, nosotros como parte de la sociedad, también hemos presionado a otros aún cuando lejos de nuestro corazón está el hacerlo. Es como si lo hubiésemos aprendido aunque podemos también desintoxicarnos de ello. Algunas de otras presiones son:

3. Nombres despectivos - *Jamón, Jamona y Prospecto*

Pasan los años y no te casas y el comentario obligado es: *"¡Mi'ja te vas a quedar jamona!" "¿Te estás quedando jamón?"* Le preguntan a él: *"¿No hay algún prospecto en el ambiente?"* Aclaremos los términos.

Durante tu vida de soltero tal vez te hayas referido a otros que no se han casado y han pasado los 23 años como una persona jamona. Cuando se ostenta un título es bueno saber de qué se trata. Ese es un término que a mí me indignaba escuchar cuando la gente se refería a los solteros, pues se utilizaba incorrectamente. La definición que ofrecía el diccionario para jamona era *"Aplícase a la mujer que ha pasado de la juventud, especialmente cuando es gruesa."*[59] Es particularmente interesante que el Diccionario de la Lengua Española, Real Academia Española, haya añadido específicamente para Puerto Rico la definición de solterona[60]. Lo encuentro interesante ya que, a través de los años que he trabajado con solteros, esa definición no existía y es una relativa nueva inclusión en el diccionario. Llama mi atención que no dice lo mismo para jamón; en sus definiciones, no aplica ni se refiere al hombre en aspecto alguno, ¡ujum!

Por otro lado, en muchas ocasiones se refieren a los candidatos a llenar el vacío de tu corazón como prospecto, tal vez tú lo has utilizado y este es otro término mal usado, veamos su definición: *"exposición o anuncio breve que se hace al público sobre una obra, escrito, espectáculo, mercancía, etc. // 2. Papel o folleto que acompaña a ciertos productos, especialmente los farmacéuticos, en el que se*

---

[59]DRAE, página 1199.
[60] DRAE, edición 22.

explica su composición, utilidad, modo de empleo, etc."[61]
O sea, no nos aplica.

    Esto nos enseña a no repetir las cosas porque otro las dijo sin conocer su definición especialmente en cuanto al maravilloso mundo de los solteros. Sí, dije maravilloso. Cada etapa que vivimos considero que debemos considerarla maravillosa. Es nuestra etapa, ¿por qué no escoger disfrutarla mientras la vivimos? Puedes escoger agriarte la existencia. Pero no creo que queramos esa opción cuando hoy nos preocupa *¿por qué ni un piojo se me pega?*

4. *Conspiración externa (la sociedad) y Auto conspiración (la nuestra)*

A veces estas presiones son tan constantes que ejercen tal fuerza que la persona tiende a cumplir con las expectativas de los demás (con todas sus buenísimas intenciones y amor hacia el soltero) que no sólo le resta importancia a sus expectativas sino que se olvida de ellas. Entonces, nadie queda complacido, sino la esencia del ser humano completamente insatisfecha.

    ¿Qué más nos presiona? ¿Sabes qué? Perseguir aquellos sueños o compromisos hechos en la infancia. Sí, casi como si nosotros mismos formáramos una autoconspiración. No me malentiendas, me explico. Cuando niño, joven tus sueños estaban fundamentados en los conocimientos (de acuerdo a tu edad y experiencia vivida) que tenías entonces. Al pasar los años te das cuenta que aquello no era tan importante, había otros caminos que explorar, algo que no conocías o algo que estabas conociendo y cambiaste de parecer. Pero en tu ser se

---

[61] DRAE, Pág.168.

habían arraigado tan dentro de ti que hoy quieres cumplirlo ¿para qué? ¿Por qué son los que te ponen a girar la tierra? O meramente ¿por qué fue lo que siempre soñaste aunque hoy no tenga sentido? Hay sueños que sí, estarán contigo toda la vida y vas tras ello. ¡Bravo por ti! Eso es enfocarse y determinarse. Es pasión y entrega. Pero si ya no tienen sentido, no tienes que sentirte mal por ello; si ya no te motivan, ni te inspiran, ni te apasionan ¿por qué vas a dejar tus energías tras ellos? Claro está, no estoy avalando la inconstancia, como tampoco dejar continuamente proyectos inconclusos. Estamos hablando de cuando ya no es eso lo que te motiva aunque sí lo fue en tu infancia o en alguna etapa de tu vida. Un ejemplo elemental: todos de niños soñamos con tal o cual oficio o profesión. Muchas veces era producto de imitar a nuestros modelos, nuestros padres, maestros y otros adultos que admirábamos. Decíamos que *"cuando sea grande voy a ser...maestro, mam*á (fue la primera opción que dijo mi niña), *policía, chef, secretaria, abogado, veterinario, doctor..."* Al pasar el tiempo, estudiar y adquirir otras experiencias fuimos cambiando de vocación. Incluso algunos nos matriculamos en la universidad en una concentración y de pronto descubrimos que esa no era y nos movemos a otra. Hay otras opciones que seguramente te satisfagan, te inspiren y te llenen.

¿Por qué quieres pareja? ¿La quieres por ti mismo, para llenar tus sueños de tu juventud o para llenar el expediente de la sociedad?

Si total, ser soltero es una ventaja para la sociedad sobre los amigos casados. Veamos una: Un amigo te pide un favor. Si la persona es casada tiene que consultar con su pareja, no tienes una respuesta inmediata. Si te urge una respuesta, esos minutos pueden parecerte larguísimo y te crea cierta incertidumbre *¿a quién acudiré si la respuesta es en la negativa?* Si la persona es soltera tenga hijos o no, la respuesta es inmediata. No tiene que esperar, no tiene que consultar sino consigo misma, la decisión es propia e instantánea. Aunque no le guste del todo, puede disfrutar mientras dure su soltería la ventaja de ser dueño de su tiempo, su vida, su dinero, sus elecciones, su cama, su baño, sus recogidos, sus regueros, sus salidas, quedarse en su hogar, cancelar, continuar…

◆ *Por la codependencia física y emocional*

¡Vaya! Es un adelanto si lo reconoces. Y puedes adelantar más si buscas ayuda profesional. Si sólo por no estar solo:

- Aceptas relaciones dañinas.
- Aceptas sexo (no amor).
- Te conduces para ganar aprobación.
- Sacrificas tu identidad, gustos y preferencias para complacer al otro.
- Saboteas tus valores, principios, tu esencia misma de ser.
- Crees que no puedes ser feliz si no tienes a alguien a tu lado.
- Vas de relación en relación porque lo importante es no estar solo (como si fuera "pecado" estar solo contigo mismo).

Si tienes algunas de estas indicaciones, tal vez podrías estar cavando tu tumba en una relación de codependencia. Así hay personas que son codependientes. No pueden estar sino tienen una pareja a su lado.

A fin de cuentas ¿por qué quieres pegarte o que un piojo se te pegue?

◆ *Para tener y ser compañía*

Vamos a hablar claro. Mucha gente querida de los solteros tratan de restar importancia, menguar, orientar hacia otras motivaciones (el verbo que quieras conjugar) para que éste se resigne a su soltería y desista de casarse. ¡Eah! ¿Aguas profundas? *"¡Estás bien así!"*, *"¿Para qué quieres casarte?"* preguntan en un tono que lo que implica es que para qué salir de tu estatus civil ¿a complicarte tu existencia? Cuando era pequeña un querido matrimonio amigo de mis padres siempre me decía que me quedara soltera. ¡Pero ellos dormían caliente!

Mi querido amigo soltero: Si estás leyendo, entiendo que es porque anhelas encontrar tu pareja. ¿Sabes qué? Es totalmente valido. Eres normal. ¡Hasta eres bíblico! Fíjate que la Santa Biblia desde el principio establece: *"Varón y hembra los creó..."*. Al contemplar Su Creación una y otra vez en Génesis encuentras la expresión *"... y vio Dios que era bueno"*. Entonces luego de crear al hombre, en Génesis 2:18, Reconoció que no era bueno que el hombre estuviera solo por ello le hizo ayuda idónea, la mujer.

A medida que la edad avanza (traspasaste los treinta) son muchos los que coinciden en que el amor es una decisión. Sin embargo, sí bien es cierto que lo es, también es cierto que no pases por alto que a cualquier edad la chispa del amor puede encenderse. Paralelo con el hecho de que es una decisión tiene, tiene, tiene que haber amor. Ya no es para toda la vida, es para el resto de nuestros días (confiemos en que sean muchos años más). Una persona con la que te acostarás cada noche, con su aliento en tu cara y que, además de los buenísimos momentos de chulería, también habrá momentos de ronquidos, catarros, visitas médicas, de que *"me falta $1.00"*, diferencias; eso y más si lo vas a compartir, tiene ser con una persona a quien ames.

Y créeme, no deseo ser malentendida. Es fantástico y creo totalmente fuera de toda duda en aquello de *"cada oveja con su pareja"*, es ley divina. Pero mientras eso sucede, es bueno que el soltero analice tanto *por qué ni un piojo se le pega* como por qué quiere que esto suceda. Te he brindado algunas áreas no sólo a analizar sino a trabajar con ellas para que cuando venga alguien a pegarse estés en buena forma (espiritual, mental y física) y disfrutes—como bien mereces—este evento a plenitud. Pero igualmente es importante que le des sentido a tu vida de soltería y te deleites en cada evento de tu vida mientras el deseo de tu corazón se hace realidad.

Si ese es tu deseo, confiamos que el Señor conteste la petición de tu corazón.

Preguntas para meditar:

1. ¿Honestamente, tienes prisa para establecer una relación? _____

2. ¿Te has sentido presionado por la sociedad? _____

3. ¿Cómo te has sentido cuando lo hace?

Octava parte:

¿Por qué ni un piojo se me pega?
En fin

"El sol no se ha puesto aún por última vez."
Tito Livio
Historiador Romano, 59AC-64AC

¿Por qué ni un piojo se me pega? En fin

Si nos dejamos llevar por lo que establece la ley de la atracción, significa que nuestros pensamientos están muy bien alineados y no atraemos a los piojos porque no es lo que queremos atraer a nuestra vida. Sabemos lo que queremos, anhelamos y vamos hacia ello. Y lo determinante en esto es no desenfocarnos, ni entretenernos precisamente con piojos. Merecemos más que eso, somos solteros de valor. Pero tomándolo en el sentido de por qué nadie se te pega, lo cual viene a ser realmente la pregunta, hagamos un inventario de algunos aspectos determinantes, sí, determinantes antes de pegarte o que se te peguen:

1. No entres a una relación hablando de tu ex. Antes que todo: del pasado, llora lo que tengas que llorar. Jesús también lloró. No es malo llorar; llorar sana y libera. Cura y busca ayuda para que acabes de eliminar ese capítulo del que te ha costado desprenderte. En ocasiones, conocemos gente que terminó una relación hace mucho tiempo, pero aún siente rencor hacia aquella persona y algunos hasta esperan que regrese. Hay una sensación de descarga y de liberación una vez te das cuenta que te desprendiste de algo que te ataba. ¿Alguna vez has estado en una relación la cual termina y al pasar el tiempo te preguntas: *¿qué rayos yo hacía en esa relación*? Y a veces lo peor es que tú no hubieses terminado, la otra persona te hizo el favor; de lo contrario todavía estarías inmerso en esa relación. ¿Qué ceguera te invadió? Necesitas sanidad interior antes de dar y darte nuevas oportunidades. Entonces quita el capítulo y no lo traigas al presente. No comiences una relación hablando todo el tiempo de tu ex pareja. Si todavía estás en esa dinámica, es momento de ponerte en "hold" mientras resuelves tu conflicto interno y buscas ayuda profesional si fuese necesario.

2. Analiza tus experiencias, trabaja en las áreas de debilidad así como en tus sueños. Al principio de esta lectura describiste a quienes han sido tus parejas recientes. Tienes que estar alerta de manera que no repitas los mismos errores al pegarte a alguien.

3. Organiza tu vida y prioridades.

4. Desde ahora que eres una persona soltera, aprende sobre los cinco lenguajes del amor aplicables a todas las relaciones,[62] al ponerlos en práctica con los seres humanos que te rodean, definitivamente te dará resultados óptimos en tu relación de pareja. Identifica el tuyo.

5. Escribe tu decálogo de vida. No se trata de lo que el universo te impone. Eres tú quien decides y eres tú quien sabe mejor que nadie lo que quieres y hacia dónde quieres encaminarte.

6. Importantísimo: Reconoce que el hombre y la mujer son diferentes y que responden a los mismos eventos de manera diferente aunque ambos tengan la misma necesidad de amar y ser amados. Aprende sobre ello y no lo pierdas de perspectiva en tu relación.

---

[62] Los encuentras en el libro *Los cinco lenguajes del amor para solteros*, Gary Chapman, 2005.

La gente admira y...
Un resumen para ser y hacer

En resumen y con algunos puntos nuevos, la gente admira y quiere pegarse a aquella persona que:

1. Es cortés. Tan elemental como lo lees. No hay nada como reivindicar para nuestro bien, el de nuestra sociedad, el ejemplo y el legado a los nuestros que las reglas de cortesía. Nada como decir *gracias* después de un cumplido o un agrado, nada como la caballerosidad (no me digas que el feminismo la mató si los pantalones no lo hicieron), nada como expresar aprecio por los detalles y esfuerzos que se hacen por complacerte, nada como expresar lo bien que nos sentimos cuando nos tratan de cierta manera. Retomémoslo, nos encantaremos más. Creo que haríamos una gran contribución a nuestro planeta y, sobretodo, cautivaremos a esas posibles parejas. La cortesía aplica tanto al hombre como a la mujer. A los hombres les gusta y admiran a la dama femenina y de buenos modales. ¿Saben qué? A ellas también les gusta que su pareja tenga buenos modales, tanto las reglas básicas de cortesía como la forma de coger el tenedor y comportarse en la mesa. Una sugerencia: hazlo siempre aún después de la etapa inicial, conserva este trato por siempre, no sólo con tu pareja sino con todos los que componen el mundo que te rodea.

2. Ríe y sonríe. Cuando preguntas tanto a hombres como mujeres la primera cualidad que desean en quien sería su pareja, la respuesta más escuchada es que ría. ¿Alguna vez has hecho la prueba? Estás muy molesto. Todo conspira contra ti. Nada salió bien. Literalmente sientes que exhalas humo y que el humo es tu aliento. No ves la posibilidad de solución, mucho menos de orar, no

visualizas que esto pasará. Estás inmerso. No puedes hacer nada por resolver las cosas. Entonces...sonríes, a regañadientes pero sonríes. ¿Qué pasó? Tu coraje menguó. Y todo va recobrando su nivel. Ya puedes pensar con claridad.

3.   Es segura de sí misma, sabe dónde está y hacia dónde va. Combinada con la siguiente.

4.   Tiene una saludable autoestima. No es que seas una persona altanera, jactanciosa o engreída, nada de eso es. Es proyectar seguridad y confianza genuina en ti, lo que eres, quien eres y lo que vales. Te diría que la segunda cualidad que la gente más admira a quien observa como posible pareja es aquella persona segura de sí misma. ¿Nunca has visto a una persona fea sumamente atractiva? Generalmente no es por la forma de vestir, es por la forma de proyectarse y esto se logra con una autoestima sana. O ¿has visto a una pareja que parece la bella y la bestia? Algo tiene la bestia que atrajo a la bella y obviamente es en su interior, algo que irradia desde adentro hacia fuera.

5.   Demuestra que ha aprendido de sus experiencias. Cultiva lo que te ha dado resultado. Para aprender sobre cualquier tema nada iguala la experiencia vivida. Y en esto de ser soltero ya somos expertos. Lo hemos practicado tanto que podemos dar pláticas a nivel de doctorado y, si reincidimos, es como educación continuada. Así que haz un inventario dentro de ti estudiando tus relaciones interpersonales y de pareja; encontrarás cosas que ya es tiempo de darle "delete". Pero también encontrarás sin duda alguna cosas que te han dado resultado. Recréate en éstas últimas, no las descartes y sigue poniéndolas en práctica.

6. ¡Vive! Disfruta tu vida de soltero a plenitud (hey! en el buen sentido de la palabra, ¡eh!). Deja de sentarte a esperar. *"El que espera, desespera."* Quita de tu mente que estás solo y llena tu soledad ocupando tu mente, tu vida, tu tiempo. ¡Es vida! Vive y recuerda *"Por nada estéis afanosos, sino sean conocidas vuestras peticiones delante de Dios en toda oración y ruego, con acción de gracias."*[63]

7. Desarrolla un buen sentido del humor. Las noticias se encargan de mantenernos preocupados. No es que nos enajenemos de la realidad, habrá momentos en que podremos contribuir para beneficio de nuestra sociedad. Y esa contribución comienza en casa, con nuestro yo y así emana de adentro hacia fuera. No le des tanta importancia a las cosas que no la tienen y aprende a desarrollar el buen sentido del humor.

8. Es saludable. Busca tu sanidad espiritual, mental y física. No hay que esperar tener una enfermedad para correr al gimnasio a fortalecer el área afectada. O a un nutricionista a buscar balance en nuestra dieta, reducir el consumo de sal o azúcar. O al psiquiatra para que nos indique como actuar en cada situación que se nos presenta. O clamar a Dios para que, como por arte de magia, llene nuestro tanque espiritual. Que quede claro, todos en la vida tal vez hayamos ido a alguno o más de esos profesionales y para eso están, para ayudar a los necesitados, no es malo acudir a ellos. A lo que te quiero llevar es a un paso preventivo. Cuida esas áreas de tu vida desde ahora, no cuando tengas una situación particular, y tendrás tus reservas satisfechas en caso de que ocurra algo no planificado. No se planifican las enfermedades, un corazón

---

[63] Filipenses 4:6.

roto, muertes de seres queridos y otras situaciones, pero su efecto doloroso puede amortiguarse si tomamos acciones preventivas.

Cuántos conocemos casos de bodas o celebraciones que van a efectuarse. Un mes antes los protagonistas corren al gimnasio o se someten a una dieta estricta para rebajar y ponerse en forma para cuando llegue el gran evento. Si lo aplican a su calidad de vida diaria, esa prisa, ese afán no sería parte de la realidad del momento porque ya se tomó un paso preventivo. Queremos estar en forma no para una boda, sino para cada día. Y no sólo físicamente sino espiritualmente.

Cuando Valeria tenía dos años fui a la dentista y le dije *"lléname todos los huecos que estoy planificando el quinceañero de mi hija."* Miró a mi niña y me preguntó: *"¿Tienes otra hija?"* *"No, es el de Valeria, lo que sucede es que cuando eso ocurra yo tendré 60 años y las mamás de sus amigas estarán entre los 38 y 45, la competencia va a estar fuerte y no puedo esperar un mes antes para ponerme en forma."* Aunque esto fue algo humorístico, créeme que lo aplico a mi vida diaria. De la misma manera, no hay que esperar a que el amor nos sorprenda y correr al gimnasio o buscar ayuda profesional o espiritual para sanar, hay que trabajar de inmediato por el bien propio y para que estés listo cuando alguien llegue a tu vida. Tampoco hay que esperar una crisis para buscar del Señor. La salud espiritual debe ser lo más importante y puede determinar en gran manera cuán capacitados estamos no sólo para dar sino para recibir amor.

Podremos correr al salón de belleza o al gimnasio, tal vez correr hacia una cirugía estética, pero si nuestra esencia de ser, si nuestro espíritu y nuestras emociones van a la deriva en lugar de hacer una inversión hemos realizado un gasto extraordinario que de nada ha valido. Muchos que han sobrellevado una grave enfermedad lo han logrado gracias a su fortaleza espiritual. Esta no se compra en el recetario justamente cuando aparece la crisis sino que estableció su fundamento según lo que se fue sembrando en ese espíritu. ¿Cómo está tu vida espiritual? ¿Crees? ¿Crees en un Dios vivo lleno de poder y que Su Presencia se manifiesta en tu vida?

Cuando logramos nuestra sanidad espiritual, llenar nuestra necesidad espiritual, todo lo demás va estar en su lugar pues es lo que logra que todas las demás partes funcionen en armonía. Esto no quiere decir que no se presentarán situaciones difíciles. Es posible. Pero si esto sucede tendrás las herramientas espirituales para sobrellevarlo. Y de pronto te asombras pensando *"¡En otro tiempo hubiese reaccionado de otra manera!"* y esa otra manera no era precisamente positiva. Ha habido un cambio y un cambio que ha sido ganancia para ti. ¡Celébralo!

9. Sueña y está enfocada. No dejes de soñar y enfocarte hacia tus metas. Las parejas admiran y respetan a aquellas personas que aún después de enamoradas continúan caminando hacia aquellos sueños que tenían cuando se conocieron. Es mantener algo de tu individualidad, no dije libertinaje ni nada similar.

10. Acepta a las personas como son sin criticarlas. A la gente no le gusta que la critiquen, todos quieren ser aceptados. Algo que a todos nos molesta es que nos traten de cambiar. ¡Caramba! Si conociste a la persona de una manera y sabes que tiene su forma de vestir, peinarse, conducirse, una rutina de vida, actitudes porqué rayos después (a veces desde el primer día) quieres cambiarle la

vida misma. No estoy hablando de que en el proceso se hacen ajustes porque éstos siempre se van a hacer de ambas partes, no estoy hablando de ceder, tolerancia, cambios que nos llevan al bien siempre y cuando la persona los reconozca como tal (que no sean caprichos de una de las partes) entonces se hacen. Pero tenemos que aprender a aceptar a las personas tal y cual son. Si ese tal y ese son resultan muy diferentes a mí al punto de la no aceptación, tal vez, y luego de compartirlo con esa otra persona, sea hora de moverse. Hay que recordar que ni tú, ni yo, ni el otro, ni los demás, ninguno somos perfectos.

11. Ama. La vida es bella.

12. Es feliz. Decídete ser feliz. Uno de los mayores atractivos de la gente es su felicidad. Bien dijo Salomón: *"El corazón alegre hermosea el rostro."*

13. Es amiga. Cuando conozcas a alguien del sexo opuesto piensa sinceramente en una relación de amistad, genuina y auténtica. De todos modos, para que una relación perdure el lazo de la amistad es un ingrediente vital de aquellos que llevan muchos años de casados. Hay que ser amigo de esa persona que al final de tus días estará contigo. Da rienda suelta a la amistad y tómate todo el tiempo necesario para ello. Si se atraen demasiado, con más razón aférrate a la amistad porque lo demás va a surgir. Peeeeeeeeeeeero si saltas etapas, éstas serán difíciles de recobrar. Disfruta cada etapa y verás los resultados. Si sólo queda en amistad, pues fantástico, todos queremos y necesitamos amigos. Si la relación fluye hacia el amor, pues más fantástico aún. Ambos apreciarán el tiempo que se dieron especialmente al comenzar la relación.

14. Tiene a Dios en su corazón. Busca de Dios, Él es amor y para El no hay nada imposible. Cuando estás con El y en El, lo tienes de tu parte. (*"Así como anduve con Moisés estaré contigo..."*, *"No temas, YO estaré contigo..."*, *"Estaré todos los días contigo hasta el fin"*. No te voy a dar las citas, esa es tu asignación.)

15. Se ama a sí misma. Ámate. ¿Amarías a alguien como tú? Contesta: _____. El segundo mandamiento[64] nos ordena amar a los demás como a nosotros mismos. Y es claro porque ¿cómo vamos a amar a otros si no nos amamos primero a nosotros? Cuando hablo de que te ames, no estamos hablando de egoísmo, vanidad, soberbia, arrogancia, orgullo; nada de eso, estamos hablando de amarte a ti tal cual eres, con tus virtudes y áreas en las que estás trabajando (¡espero!), estamos hablando de que te aceptes. Cuando lo haces, entonces podrás pretender que otros también te amen. Lo que es más, lo atraerás. Aquí debemos aplicar las instrucciones que el capitán de vuelo imparte en el caso de una emergencia aérea. Y éstas son claras en el sentido de que cuando "caiga" la máscara de oxígeno, te la coloques TU primero. Aún cuando tengas niños u otras personas a tu cargo, tienes que colocártela tú primero, no sea que se acabe el oxígeno y sean dos los heridos (tú y a quien tienes a cargo). Mientras que si tú te la colocas primero, luego puedes ayudar a otros. Así sucede en nuestra vida cotidiana, en nuestra vida de relaciones humanas, tenemos que amarnos. Y dentro de ese amor propio, mímate. El domingo salí y me compré flores. Esta mañana les contaba a compañeros de trabajo mi desayuno: panqueques, café, jugo y una copa llena de papaya, pasas, queso de hoja, almendras y crema batida. Si yo no me consiento ¿quién lo va a hacer? ¿cómo puedo

---

[64] Mateo 22:39.

esperar (o pretender) que otro me mime? También acostumbro tomar el agua en copa y de vez en cuando colocar mi desayuno en una bandeja y tomarlo en mi terraza. Cuando te amas, operas cambios positivos en todo tu ser. Lo irradias, lo atraes; el estado de felicidad plena comienza a emerger. Tu autoestima se levanta, tu ánimo responde igual. Tu actitud es positiva. Disfrutar cada momento y sentirnos bien con nosotros mismos aún cuando no todo sale bien es un paso importante en el amor propio. Quizás no todo sale según soñado o planificado y todavía quedan sueños por realizar de eso se trata la vida misma. Pero aún así ámate primero a ti y cuando te amas otros también te amarán; lo atraes. Ámate. Es un mandato divino y es irresistible.

En fin

Ya en esta página del libro no se trata de lo que yo te diría sino de cómo te sientes, qué has aprendido y quizás crecido. Confío que este libro haya provocado en ti: que te hayas reído, que te haya invitado a la reflexión y que te hayas identificado. Confío en algo más: que algo te haya sacudido de manera que lo aprendido lo pongas de inmediato en práctica, especialmente cuando hablamos de temas para el mejoramiento personal. Y que todo ello te conduzca a establecer o reevaluar (si ya lo tienes) tu plan de acción y evaluar tus actitudes. Después de todo lo determinante no es lo que nos acontece sino nuestra reacción a ello, eso se llama actitud.

Conviene saber de todo esto, pero más importante aún es identificar, reconocer y actuar para que al fin y al cabo ya no sea cuestión de preguntarnos *¿por qué ni un piojo se me pega?* sino que jamás osemos preguntar *¿quién se ha* *llevado mi piojo?* (Total, si fuera el caso, quiere decir que no era tu piojo.) como tampoco la incógnita de *¿dónde estará mi piojo?* Mejor sería que el próximo libro de tu vida sea: *"Ya encontré mi piojo y ¿tú?", "¡Se me pegó un piojo!"*. No por buscarlo, sino porque llegó.

Recuerda que si quieres llegar a la meta, tienes que caminar. Ya no se trata del amor, eso va a llegar. Si te diera una última sugerencia te diría: *"Relax"*, tranquilo, relájate, sé paciente. Hay episodios que tienes que atravesar no te duermas en ellos, pero tampoco te ajores; tómate tu tiempo. Si actualmente no tienes esos episodios, ¡fantástico! Espera. ¿Para qué ajorarse? No dejes de disfrutar. Si en algo debemos tomar todo nuestro tiempo es en esto de una relación de pareja, si hemos esperado hasta aquí ¿qué importa esperar un poco más? Mientras tanto, vive tu soltería cada momento, minuto a minuto, como tu bebida favorita, sorbo a sorbo y, mientras dure, ¡disfrútala!

Para concluir quiero dejarte la tripleta que deseo a todo ser viviente: Dios en tu corazón para mantenernos de pie, salud para mantener el ritmo y amor para mantenernos vivos.

♥   ♥   ♥

Si deseas escribirme, puedes hacerlo a través del:

P O Box 360667
San Juan, Puerto Rico 00936-0667

Preguntas:

1. ¿Has escrito tu decálogo de vida?

   _____

   _____

2. ¿No crees que este es un buen momento para comenzar?

   _____

   _____

3. Aquí tienes espacio para hacerlo. (Busca otra hoja de papel de ser necesario.)

   _____

   _____

   _____

   _____

4. Una vez cierres el libro ¿cuál es tu plan de acción?

   _____

   _____

   _____

Referencias

Ciudadseva.com portal del escritor puertorriqueño Luis López Nieves.

Diccionario de la Lengua Española, Real Academia Española, Vigésima Segunda Edición, Tomo I y II, 2001, Editorial Espasa Calpe, SA, 2368 páginas.

El librito de instrucciones de Dios para mujeres, Primera Edición, 1997, Editorial Unilit, 156 páginas.

El Nuevo Día, Periódico, (Puerto Rico) lunes, 14 de julio de 2008.

El vendedor más grande del mundo, Og Mandino, 1995, Vigésima cuarta reimpresión, Editorial Diana SA, 124 páginas.

Los cinco lenguajes del amor para solteros, Gary Chapman, Primera Edición, 2005, Editorial Unilit, 235 páginas.

Maritere Vila, www.bonifacioclub.com.

Mi Primer Millón, Charles Albert Poissant y Christian Godefroy, 1996, Editorial Atlántida, SA, 416 páginas.

Porque yo también lo viví.", Ali Velázquez, 1998, 106 páginas.

Primeriza después de los cuarenta y tantos, una experiencia de fe, Ali Velázquez Rivera, 2002.

Programa radial a través de 97.7 FM, Nueva Vida, Puerto Rico, 8 de octubre de 2008.

Santa Biblia, Biblia de Estudio Ampliada, 1983, Editorial Vida, 1724 páginas.

¿Por qué ni un piojo se me pega?

¿Por qué ni un piojo se me pega?

¿POR QUÉ NI UN PIOJO SE ME PEGA?

¿POR QUÉ NI UN PIOJO SE ME PEGA?

¿Por qué ni un piojo se me pega?